SUCCESSION

DE

MADAME D'YVON

TRÈS BEAUX

OBJETS D'ART

ET

D'AMEUBLEMENT

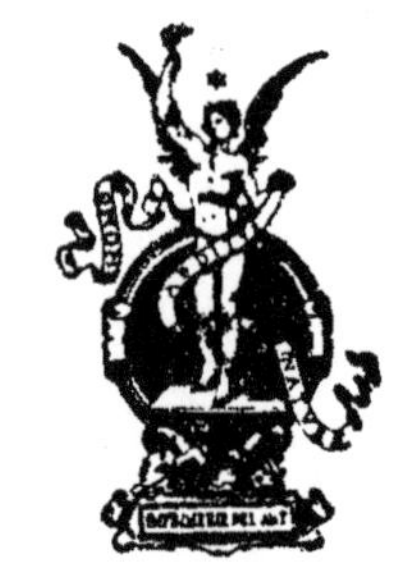

SUCCESSION

DE

MADAME D'YVON

PARIS. — IMPRIMERIE DE L'ART

E. MÉNARD ET Cie, RUE DE LA VICTOIRE, 41

CATALOGUE

DES

OBJETS D'ART

ET D'AMEUBLEMENT

DES XVIᵉ, XVIIᵉ ET XVIIIᵉ SIÈCLES

Faïences italiennes, de Bernard Palissy et autres

PRÉCIEUSE SALIÈRE EN FAIENCE DE SAINT PORCHAIRE

Sculptures en marbre, en terre cuite, en bois et en ivoire

CHEMINÉE MONUMENTALE EN PIERRE

Porcelaines de Sèvres, de Saxe, de Chine et du Japon

VITRAUX, ORFÈVRERIE, MATIÈRES PRÉCIEUSES

Quelques Tableaux anciens

BRONZES D'ART ET D'AMEUBLEMENT

Magnifique Mobilier en Tapisserie de Beauvais

MEUBLES EN BOIS SCULPTÉ DU XVIᵉ SIÈCLE

Tapisseries remarquables des Gobelins et de Beauvais

PANNEAUX DE LA SAVONNERIE

Meubles et Tentures en Tapisserie au point

BEAUX LUSTRES EN CRISTAL DE ROCHE

MEUBLES

Dépendant de la Succession de Mᵐᵉ d'Yvon

ET DONT LA VENTE AURA LIEU

GALERIE GEORGES PETIT

8, rue de Sèze, 8

DU LUNDI 30 MAI AU SAMEDI 4 JUIN 1892

A DEUX HEURES

COMMISSAIRES-PRISEURS

Mᵉ PAUL AULARD
6, rue Saint-Marc, 6

Mᵉ PAUL CHEVALLIER
10, rue Grange-Batelière, 10

EXPERTS

M. CHARLES MANNHEIM
7, rue Saint-Georges, 7

M. ARTHUR BLOCHE
25, rue de Châteaudun, 25

EXPOSITIONS

PARTICULIÈRE : *Le Samedi 28 Mai 1892, de une heure à six heures.*
PUBLIQUE : *Le Dimanche 29 Mai 1892, de une heure à six heures.*

CONDITIONS DE LA VENTE

Elle sera faite au comptant.

Les acquéreurs payeront CINQ POUR CENT en plus des prix d'adjudication.

L'exposition mettant le public à même de se rendre compte de l'état des objets, aucune réclamation ne sera admise une fois l'adjudication prononcée.

N. B. — Les Diamants, Bijoux, Argenterie, Dentelles anciennes, Broderies, Étoffes, Tapisseries non montées, Objets de vitrine, etc., etc., dépendant de la succession de Mme d'Yvon, seront vendus *Hôtel Drouot, Salle N° 1*, du Mardi 14 au Jeudi 17 juin 1892, et seront exposés le Lundi 13 juin 1892, de 1 heure 1/2 à 5 h. 1/2.

ORDRE DES VACATIONS *

Le Lundi 30 Mai 1892

Le Mardi 31 Mai 1892

Le Mercredi 1ᵉʳ Juin 1892

Le Jeudi 2 Juin 1892

* *N. B.* — L'ordre numérique ne sera pas suivi.

Le Vendredi 3 Juin 1892

Le Samedi 4 Juin 1892

DÉSIGNATION DES OBJETS

FAIENCES ITALIENNES

1 — FABRIQUE DE CAFFAGGIOLO. Assiette. Le centre est occupé par un écusson d'armoiries en forme de *testa di cavallo*, d'or à une tête de More au naturel. Sur le bord, des volutes et des rinceaux symétriquement disposés et formant une sorte d'étoile à huit rayons encadrant le médaillon central ; le champ entre les rinceaux est semé de spirales. Dessin en bleu sur fond blanc, lavé de ton ocre, de bleu et de vert clair. Au revers, une grande fleur à cinq pétales sommairement tracée en bleu et en jaune. Fin du xvᵉ ou commencement du xvɪᵉ siècle. — Diam., 243 millim.

2 — FABRIQUE DE CAFFAGGIOLO. Grand vase à large panse, resserrée vers son orifice, muni de deux goulots horizontaux soutenus par des têtes d'anges

placés suivant l'un des diamètres du vase, et d'une anse en forme d'anse de panier, accompagnée de deux mascarons et placée perpendiculairement aux goulots. La décoration de ce vase consiste en rinceaux, vases et animaux fantastiques dessinés en bleu, lavés de jaune, de bleu, de vert et de violet tirant sur le rouge, réservés sur un fond de teinte ocre, et en quatre écussons d'armoiries dont deux sont accompagnés de deux grandes cornes d'abondance affrontées : 1º Un écu au champ d'or à l'aigle impériale de sable chargé en abîme d'un écu parti au 1 de Médicis, au 2 de gueules à la fasce d'argent. Cet écusson est surmonté de la couronne impériale. 2º Écartelé aux 1 et 4 de gueules à une bande échiquetée d'argent et d'azur bordée d'or; aux 2 et 3 de Médicis; surmonté d'un chapeau d'évêque. 3º D'azur à la montagne de six coupeaux d'or, à une couronne d'or en chef, à sénestre, à une bande de gueules brochant sur le tout; surmonté d'un chapeau d'évêque. 4º D'argent à une tête de More de sable, surmonté d'un chapeau de cardinal. L'intérieur du vase est émaillé de blanc et chacun des goulots porte l'une des marques connues de l'atelier de Caffaggiolo tracée en bleu : un P et un A liés ensemble. Premier quart du xvıᵉ siècle. — Haut., 40 cent.

3 — FABRIQUE DE FAENZA. Assiette exécutée sur émail bleu (*berettino*). Au centre, dans un médaillon circulaire, un écusson entouré de banderoles, parti de sinople et d'argent, à un sanglier de sable entouré de flammes, brochant sur le tout. Sur le bord, des mascarons, des cornes d'abondance, des dauphins réservés en bleu clair éclairé de blanc sur fond bleu foncé. Au revers, des fleurs, en bleu, et au centre une spirale tracée en bleu. Casa Pirota, vers 1525. — Diam., 275 millim.

4 — FABRIQUE DE FAENZA. Assiette exécutée sur émail bleu (*berettino*), ayant fait partie du même service que la précédente. Sur le bord, au lieu de mascarons, sont peintes des têtes de chérubins. Casa Pirota, vers 1525. — Diam., 275 millim.

5 — FABRIQUE DE FAENZA. Assiette plate. Au centre, sur fond d'émail bleuté (*berettino*) est figurée une tête d'ange à laquelle est suspendu un écusson parti au 1 d'azur à un renard d'argent langué de gueules : au 2 de gueules à 3 massacres de cerf posés 2 et 1, chargé d'une tiare pontificale et des clefs de Saint-Pierre en chef. Bords décorés d'un dessin symétrique. Mascarons, dauphins et cornes

d'abondance réservées et éclairées de blanc sur fond bleu foncé ; au revers, des paraphes et des marguerites et, au centre, une marque composée d'un cercle coupé par deux diamètres. Casa Pirota, vers 1520. — Diam., 250 millim.

6 — FABRIQUE DE FAENZA. Coupe à pied godronnée (*scamellato*). Au milieu d'un paysage sommairement traité on aperçoit un guerrier antique et une femme vêtue d'une longue tunique, debout et causant ensemble. Fond de montagnes et de fabriques. Dessin en bistre modelé de bistre roux ; tons bleu vif, jaune, bistre roux, vert sombre, violet. Bord bleu. Revers décoré sommairement en bleu et en jaune. Sous le pied, une marque ressemblant à un A, en bleu. XVIe siècle. — Diam., 235 millim.

7 — FABRIQUE DE SIENNE. Vase de pharmacie, de forme cylindrique, muni d'une anse plate. Le décor consiste en une frise représentant des têtes de chérubins placées entre des rangs d'oves et de rectangles figurant des pointes de diamant. Dessin en bleu modelé de bleu ; tons jaune, rouge, bistre et vert clair. Anse teintée de vert. Commencement du XVIe siècle. — Haut., 22 cent.

8 — FABRIQUE DE SIENNE. Lot de carreaux de pavages de forme pentagonale décorés d'arabesques, de grotesques, de chimères, de vases, de cartouches polychromes sur fond bleu foncé.

Carrelages provenant du *Palazzo del Magnifico*, à Sienne. Commencement du XVIe siècle.

9 — FABRIQUES D'URBINO ET DE GUBBIO. Grande coupe. Le Dévouement de Curtius. Au premier plan, Curtius, à cheval, vêtu du costume militaire romain, portant un étendard sur lequel on lit la devise du peuple romain, se précipite dans le gouffre ; à droite, à gauche et au second plan, une foule de personnages, dont quelques-uns portent des vases pour faire des offrandes. Au fond, une construction à fenêtres grillées, surmontée d'une terrasse sur laquelle se tiennent plusieurs personnages. Au revers, des rinceaux et la signature tracée en rouge rubis à reflets métalliques. *1527, Mo Go da Ugubio.* Pièce peinte par *Francesco Xanto*, à Urbino, et rehaussée de nombreux reflets métalliques, à Gubbio, par *Giorgio Andreoli*. — Diam., 33 cent.

10 — FABRIQUES D'URBINO ET DE GUBBIO. Assiette à

bords renversés. La Naissance d'Esculape. Au premier plan, en avant d'un grand palais, est couchée, sur un lit décoré à l'antique, une femme demi-nue ; un homme debout près d'elle tire Esculape de son ventre. A gauche, l'Amour se cachant le visage et une torche allumée. Tout à fait à gauche, un arbre sur lequel sont perchés un corbeau et une corneille. Au revers, on lit l'inscription suivante tracée en bleu : *1534. Del parlamento del corvo e de la cornice et commo naque Esculapio Nel. II libro di Ovidio. — In Urbino*. Dessin en bleu modelé de bistre roux et de bistre verdâtre. Tons bleu lapis, jaune clair et vert pâle. Nombreux rehauts de rouge rubis à reflets métalliques. Pièce exécutée à Urbino, par *Francesco Xanto*, et rehaussée de reflets métalliques, à Gubbio, par *Giorgio Andreoli*. 1534. — Diam., 252 millim.

11 — Fabriques d'Urbino et de Gubbio. Assiette. Histoire de Damoclès. Damoclès, assis sur un trône abrité par un dais, contemple avec effroi l'épée suspendue au-dessus de sa tête. Devant lui se dresse une table chargée de mets autour de laquelle s'empressent de nombreux serviteurs. Au revers, la légende : *1539. L'inquieta vita del iran Dionisi. X.* Nombreux rehauts de reflets

métalliques. Pièce peinte à Urbino, par *Francesco Xanto*, et rehaussée de reflets métalliques à Gubbio, par *Giorgio Andreoli*. — Diam., 272 millim.

12 — Fabriques d'Urbino et de Gubbio. Coupe. Un combat. Au centre, un guerrier demi-nu monté sur un cheval noir au galop. Il tient une lance en main et foule aux pieds des personnages et des chevaux tombés à terre. A gauche, un porte-drapeau à cheval ; à droite, un homme nu armé d'un grand sabre. Fond de paysage et de fabriques. Pièce exécutée à Urbino, par *Francesco Xanto*, et rehaussée de reflets métalliques à Gubbio, par *Giorgio Andreoli*. Au revers, des rinceaux et la date 1539 tracée en rouge rubis à reflets métalliques. — Diam., 270 millim.

13 — Fabrique de Gubbio. Petite coupe. Le Christ debout dans le tombeau, entouré des instruments de la Passion. Dessin en bleu sur fond d'émail blanc, modelé de bleu et de jaune. Lavages de rouge rubis et de jaune chamois à reflets métalliques très intenses. Au revers, des cercles en rouge rubis. Commencement du xvi⁰ siècle. — Diam., 175 millim.

150
ren

14 — FABRIQUE DE GUBBIO. Petite coupe. Elle est décorée en son centre d'une rosace composée de deux rectangles entrelacés et sur ses bords de faux godrons et de zigzags. Toute cette décoration est exécutée en bleu et en rouge rubis et jaune chamois à reflets métalliques très intenses. Commencement du XVIe siècle. — Diam., 198 millim. *rest.*

3500
Froeschels

15 — FABRIQUE DE GUBBIO. Grand plat. Au centre, un grand écusson d'armoiries soutenu par deux anges, l'écusson, parti, porte les armes des familles della Rovere et Chigi. La bordure est décorée de trophées, d'amours se livrant à la chasse, de fleurs et d'ornements parmi lesquels on aperçoit les armes de la famille Orsini. Dessin en bleu modelé de bleu, sur fond bleu ou lavé de bleu; nombreux rehauts de rouge métallique intense et de jaune chamois. Revers vernissé en jaune. Commencement du XVIe siècle. — Diam., 45 cent. *2 morceaux*

2260
Goldschmidt
r. Laffitte

16 — FABRIQUE DE GUBBIO. Assiette creuse à larges bords. Au centre, un amour debout et nu tenant un petit moulin à vent. Sur le bord, des palmettes réservées sur fond bleu. Lavages de rouge

rubis et jaune chamois à reflets métalliques très intenses. *Giorgio Andreoli*, vers 1525. — Diam., 25 cent.

17 — FABRIQUE DE GUBBIO. Coupe ornée de reliefs. Au fond, le monogramme de Jésus (Y H S) tracé en lettres gothiques et entouré de rayons. Sur le bord, des pommes de pin, des rayons et des fleurs alternant. Dessin en bleu rechampi de bleu; lavages de rouge rubis et de jaune chamois à reflets métalliques très intenses. Au revers, la marque R en rouge rubis. *Giorgio Andreoli.* vers 1530. — Diam., 295 millim.

18 — FABRIQUE DE GUBBIO. Petite coupe ornée de reliefs. Au centre, une aigle éployée; sur les bords, des godrons imitant des fruits et des rinceaux. Dessin en bleu rechampi de bleu; lavages de rouge rubis à reflets métalliques. Vers 1530. — Diam., 180 millim.

19 — FABRIQUE DE GUBBIO. Grande coupe. Un sacrifice. Entre un bouquet d'arbres et un rocher, se dresse un autel antique sur lequel brûle déjà le feu du sacrifice. Un homme nu apporte une chèvre à un prêtre qui, accompagné d'un jeune

enfant, va procéder à la cérémonie. Fond de paysage avec fabriques. Dessin en bleu modelé de bistre avec rehauts de blanc. Nombreux rehauts très brillants de rouge rubis et de jaune chamois à reflets métalliques. Au revers, des rinceaux et la signature M⁰ G⁰ en jaune à reflets. *Giorgio Andreoli*, vers 1530. — Diam., 280 millim.

20 — FABRIQUE DE GUBBIO. Assiette plate. La décoration de cette pièce consiste en grands rinceaux et en fruits disposés symétriquement, dessinés et rechampis en bleu, lavé de rouge rubis et de jaune foncé à reflets métalliques. Au revers, des paraphes en rouge rubis. Atelier de *Giorgio Andreoli*, vers 1530. — Diam., 230 millim.

21 — FABRIQUE DE GUBBIO. Assiette à larges bords. Au fond, un amour debout et nu lié à un tronc d'arbre. Sur le bord, deux animaux fantastiques à tête d'homme symétriquement disposés de chaque côté d'une tête de chérubin, un grand vase de fleurs, des trophées et deux cartouches sur lesquels on lit la date de 1533. Dessin en camaïeu blanc et gris sur fond bleu, rehaussé de rouge rubis et de jaune chamois à reflets métal-

liques. Au revers, trois spirales en rouge rubis à reflets métalliques. *Giorgio Andreoli*, 1533. — Diam., 275 millim.

22 — FABRIQUE DE GUBBIO. Coupe. Histoire de Phaéton. Phaéton, un genou en terre, vient demander à son père Apollon de conduire son char. Le dieu du soleil est assis sur un trône placé sous une *loggia*. Dans le ciel on aperçoit Phaéton entraîné par ses chevaux et tombant avec son char, dans le fleuve Éridan. Fond de paysage et de fabriques. Dessin en bistre modelé de bistre roux ; tons jaune, bleu et violet. Rehauts de rouge rubis et de jaune chamois à reflets métalliques. Au revers, des rinceaux et la date 1534 tracée en jaune à reflets. — Diam., 23 cent.

23 — FABRIQUE DE GUBBIO. Coupe à décor en relief. Au centre, un Saint Moine à genoux, un rosaire à la main, en adoration devant la croix. Sur les bords, des feuillages en relief alternent avec des rayons. Dessin en bleu ; lavages de rouge rubis et de jaune chamois à reflets métalliques très intenses. Au revers, la marque N en rouge rubis ; vers 1540. — Diam., 24 cent.

1800

24 — Fabrique de Deruta. Grand plat. Le fond est occupé par un buste de jeune femme, de trois quarts et la tête inclinée vers la gauche, les cheveux à demi recouverts d'une sorte de turban brodé. Sur le fond, sur une banderole on lit l'inscription : ANTEA BELLA. Bordure divisée par quartiers, ornée d'imbrications et de palmettes. Dessus en bleu modelé de bleu, lavé de jaune chamoïs à reflets métalliques. Revers vernissé en jaune. Commencement du XVIᵉ siècle. — Diam., 405 millim.

470

25 — Fabrique de Deruta. Grand plat. Au centre, une jeune femme, vue à mi-corps de profil à gauche, les cheveux divisés sur le front, retombant sur les joues, surmontés d'une haute coiffure d'où pend un voile qui vient se draper sur ses épaules. Fond de paysage sommairement traité. Bordure formée d'un réseau à mailles circulaires. Dessin en bleu modelé de bleu, lavé de jaune à reflets métalliques. Commencement du XVIᵉ siècle. — Diam., 42 cent.

230.

26 — Fabrique de Deruta. Bassin. Tout l'intérieur de ce bassin est occupé par deux figures en buste : un homme et une femme s'embrassant.

Tous deux portent le costume de la seconde moitié du xvi⁰ siècle. Sur une banderole plusieurs fois repliée, réservée sur le fond, on lit l'inscription suivante très incorrecte : NAVEMO IQ ALTRO NO MON SENO NO ES PSSO IL FINE. Dessin très gauche en bleu modelé de bistre avec rehauts de blanc. Tons vert, bistre roux, jaune, bleu. Revers vernissé en brun. Vers 1570. — Diam., 39 cent.

27 — Fabrique de Deruta. Plateau d'aiguière. Sur l'ombilic, est peint un buste de femme, de profil à droite, vêtue d'une robe ouverte sur la poitrine, les cheveux couverts d'une résille. Tout autour de cet ombilic se développe un décor d'imbrications, puis sur le bord une guirlande de feuillage. Dessin en bleu modelé de bleu; lavages de jaune chamois à reflets métalliques. Revers émaillé de blanc. Commencement du xvi⁰ siècle. — Diam., 345 millim.

28 — Fabrique de Deruta. Assiette plate. Au centre, un écusson d'armoiries de forme italienne, écartelé au 1 d'or à l'aigle couronnée de sable; au 2 d'argent à deux chefs barbus affrontés d'azur; au 3 de gueules à la montagne de 3 coupeaux de

sinople sommée d'une tour d'argent ; au 4 d'argent à 1 chef d'azur, au chef cousu d'or. La décoration du bord de la pièce est formée par quatre médaillons circulaires symétriquement disposés alternant avec deux chimères et deux mascarons surmontés de dauphins ; dans les médaillons, deux bustes d'hommes à l'antique, un enfant nu sonnant de la trompe, un cerf et un chien. Dessin bleu modelé de bleu ; lavages et rehauts de jaune chamois à reflets métalliques. Au revers, des cercles en jaune à reflets. Commencement du XVIe siècle. — Diam., 24 cent.

29 — FABRIQUE DE DERUTA. Grand plat. Au fond, un grand écusson d'armoiries chargé d'une tête de cheval dont les naseaux sont pris dans une martingale. Cet écusson est surmonté d'une sorte de manteau ou de lambrequin. Sur le bord, un masque de chérubin et des trophées d'armes et d'instruments de musique. Dessin très large en bleu modelé de bleu, lavé de jaune, de bistre roux, de vert ou de violet. Bord à fond bleu. Revers vernissé. XVIe siècle. — Diam., 45 cent.

30 — FABRIQUE DE DERUTA. Grand plat. Au fond, un

buste d'homme, de profil à gauche, lauré, drapé à l'antique ; à droite, dans le champ, un écusson d'armoiries, fascé d'or et d'azur de cinq pièces ; à gauche, une banderole plusieurs fois repliée sur laquelle on lit : ORARE SEGRETO E MOLTO ACETO A DIO. Sur les bords, un décor en résille formé par des feuilles pointues composant des mailles renfermant des fleurons. Dessin en bleu modelé de bleu ; tons jaune, bistre, vert clair. Revers vernissé en brun. Première moitié du xvıᵉ siècle. — Diam., 41 cent.

31 — Fabrique de Deruta. Assiette plate. A droite, sous une draperie, on aperçoit un trône que vient de quitter un personnage casqué et barbu, vêtu d'une armure antique et drapé dans un grand manteau ; il porte une grande épée, fléchit les genoux et joint les mains pour adorer le soleil figuré dans le ciel. Dessin et modelé en bleu ; grands lavages de jaune et de rouge à reflets métalliques. Au revers, sous le pied est tracée en bleu une marque composée d'une M barrée horizontalement. Sous les bords, des traits symétriques imitent la disposition des pétales d'une fleur. Attribuée au *Frate*. Vers 1540. — Diam., 212 millim.

32 — FABRIQUE DE DERUTA. Petite assiette creuse décorée au fond d'une palmette inscrite dans un médaillon à six pans et, sur les bords, de palmettes et de feuillages alternant avec des compartiments renfermant des imbrications. Revers décoré de feuillages sommairement dessinés en bleu et en bistre. On a ajouté à cette pièce du commencement du xvie siècle des reflets rouge rubis et jaune chamois. — Diam., 205 millim.

33 — FABRIQUE DE DERUTA. Plateau d'aiguière. Sur l'ombilic, un écusson d'armoiries surmonté du chapeau cardinalice : d'azur au bœuf couché d'or, au chef des Médicis. Tout autour se développe une frise composée de branchages écotés et entrelacés et sur le bord, fort étroit, est peinte une guirlande de fleurs et de fleurons. Dessin en bleu rechampi de bleu, avec touches de jaune et de bistre et lavages de vert très vif, le tout sur fond d'émail blanc. Au revers, des entrelacs dessinés en bleu. Vers 1540. — Diam., 335 millim.

34 — FABRIQUE DE DERUTA. Assiette creuse décorée de marguerites et de rinceaux exécutés sur fond

d'émail blanc, avec rehauts de jaune chamois à reflets métalliques. xvɪᵉ siècle. — Diam., 220 millim. *1 felé*

35 — Fabrique de Deruta. Assiette creuse. Elle est décorée de rinceaux et de marguerites dessinés en bleu avec rehauts de jaune chamois à reflets métalliques, sur fond d'émail blanc. xvɪᵉ siècle. — Diam., 225 millim.

36 — Fabrique de Castel Durante. Plaque rectangulaire. La Vierge assise et vue à mi-corps, vêtue d'une robe brune à manches jaunes et d'un manteau bleu, un voile sur la tête, donne le sein à l'Enfant Jésus étendu sur ses genoux. Près de ce groupe, à droite, saint Jean enfant portant une croix ; près de lui on aperçoit un écureuil ; au fond, une draperie. Excellent dessin dans le style de Francesco Francia ; dessin en bleu modelé de bleu et de bistre avec rehauts de blanc. Très bel émail. Revers émaillé de blanc. Atelier de *Niccolo da Urbino.* Vers 1520. — Haut., 200 millim.; larg., 165 millim. *rest*

37 — Fabrique de Castel Durante. Plaque rectangulaire. La Sainte Famille. La Vierge, vêtue

d'une robe jaune, ouverte sur la poitrine, et d'un manteau bleu drapé sur ses jambes, est assise en avant d'un rideau suspendu derrière elle. Elle soutient l'Enfant Jésus qui tend les mains au jeune saint Jean, en s'avançant vers lui. A gauche, saint Joseph, debout, vêtu d'une tunique et d'un manteau, appuyé sur un bâton. Fond de paysage. Très bon dessin dans le style de Raphael. Dessin en bleu modelé de bistre. Tons jaune vif, jaune clair, ocre, bleu lapis, bleu turquoise, vert. Revers émaillé de blanc. Atelier de *Niccolo da Urbino.* Vers 1520. — Haut., 20 cent.; larg., 165 millim.

38 — Fabrique de Castel Durante. Plaque circulaire. Elle est décorée d'un buste de femme de profil à droite, les cheveux relevés et recouverts d'une résille, vêtue d'une robe à corsage ouvert en carré sur la poitrine, et d'une chemisette brodée, sur laquelle pend un collier. Sur une banderole qui contourne le bord de la pièce, se lit l'inscription : LESANDRA, GRATIOSA. Bon dessin en bleu modelé de bistre roux. Tons bistre, vert et manganèse. Fond bleu. Cette pièce est placée dans un cadre rectangulaire dont les angles sont décorés d'écoinçons en faïence peinte,

représentant des mascarons. Commencement du
xvie siècle. — Diam., 19 cent.

39 — FABRIQUE DE CASTEL DURANTE. Coupe à pied.
Le Triomphe de Bacchus. Le dieu, ivre et nu,
couronné de pampres, est monté sur un âne;
deux bacchants, également couronnés de pampres, le soutiennent à droite et à gauche. Près
d'eux marche un tigre. Bon dessin dans le style
de l'école de Raphael. Fond de paysage et de
fabriques. Dessin en bistre modelé de bistre,
avec rehauts de blanc. Tons bleus très vifs dans
les fonds du paysage. Atelier de *Niccolo da Urbino*. Vers 1525. — Diam., 27 cent.

40 — FABRIQUE DE CASTEL DURANTE. Coupe à pied.
Tout le champ, peint en bleu lapis, est occupé
par un profil de femme casqué, tourné vers la
gauche. Son casque est décoré d'un dauphin et
d'un mascaron. Sur le fond se développe une
banderole, sur laquelle on lit : DEIDAMIA.
Dessin en bleu modelé de bistre; rehauts de
blanc. Tons vert clair, violet. Bord jaune. Vers
1530. — Diam., 208 millim.

41 — FABRIQUE DE CASTEL DURANTE. Assiette plate.

Le décor, exécuté très finement en camaïeu blanc et gris sur fond bleu lapis, se compose de deux chimères adossées, du corps desquelles partent des rinceaux et des cornes d'abondance, encadrant un écusson d'armoiries : d'or à l'aigle couronnée de sable. A la partie supérieure de l'assiette, un masque ailé ; à droite et à gauche, des trophées d'armes. Revers émaillé de blanc. Vers 1525. — Diam., 222 millim.

42 — Fabrique de Castel Durante. Coupe à pied à bords moulés et godronnés. Au centre, des trophées dessinés et modelés en bistre sur fond jaune. Sur le bord, décor de feuillages de chêne en jaune sur fond bleu lapis ou de feuillages et de fleurs modelés en bleu sur fond roux, alternant par quartiers. Au bord, une course de feuillages. Revers décoré grossièrement en bleu. Vers 1560. — Diam., 225 millim.

43 — Fabrique de Castel Durante. Vasque circulaire à bords renversés. Au centre, un fleuve couché sur son urne et Diane assise sur un rocher. Sur les bords du fleuve, à droite et à gauche, des pêcheurs ; les uns sont armés de marteaux dont ils frappent les rochers, tandis que les autres prennent le poisson à l'aide de filets. Fond de paysage montagneux et de fabriques. Dessin élégant en bistre modelé de bistre roux. Paysage très bien traité ; bel émail. Sous le pied l'inscription suivante :

Surdesia sonitu ad pat... e gurgite piscis.
Ascendit nullo capitur molimine in unda.

Milieu du xvie siècle. — Diam., 335 millim.

44 — Fabrique de Castel Durante. Grand vase. De forme ovoïde, sa panse repose sur un pied circulaire décoré de moulures. Sur la panse divisée en trois zones et décorée de rinceaux jaunes et de branches de chêne sur fond vert et sur fond bleu se relèvent des mascarons et des figures en gaine en relief teintées de jaune et de bleu. Col décoré de moulures, accompagné de deux anses recourbées, en forme de têtes de lions, teintées de vert. Milieu du xvie siècle. — Haut., 38 cent.

45 — Fabrique de Castel Durante. Grand vase. De forme ovoïde, sa panse est décorée de figures en gaine, de têtes de chérubins, de mufles de lions en relief, distribués symétriquement sur trois zones à fond bleu et vert, semées de rinceaux teintés de jaune. Pied mouluré. Le col est flanqué de deux anses en forme de têtes de lions, teintées de jaune. Milieu du xvie siècle. — Haut., 38 cent.

310

46 — Fabrique de Castel Durante. Petite assiette creuse. A droite, on aperçoit Vulcain forgeant sur une enclume à l'entrée de son atelier; à gauche, une femme debout, vêtue d'une tunique flottante et donnant des signes d'effroi. Fond d'architecture et de paysage. Bon dessin en bistre modelé de bistre roux. Tons jaune, bistre roux et bistre verdâtre, bleu lapis et bleu turquoise. Atelier des *Fontana*. Milieu du xvie siècle. — Diam., 178 millim.

125

47 — Fabrique de Castel Durante. Vase de pharmacie (*albarello*) de forme cylindrique. Sur la face principale, au-dessus d'une banderole portant l'inscription S(yrupus) P (av) ONETI. A., un médaillon renfermant un profil d'homme casqué. Tout le reste de la pièce est décoré de compartiments à fond jaune et bleu foncé alternant, dans lesquels se détachent des rinceaux ou des dauphins en jaune ou en blanc. Milieu du xvie siècle. — Haut., 250 millim. *ebreché*

150

48 — Fabrique de Castel Durante. Vase de pharmacie en forme de bouteille à panse sphérique. Sur la partie antérieure, dans un médaillon circulaire, on voit un buste de femme de trois

quarts à gauche, accompagné d'une banderole
sur laquelle on lit le nom LAVRA. Au-dessous
de ce médaillon, est tracée l'inscription A Q (v)
A MENTE. Décor à compartiments à fond bleu,
jaune ou vert avec feuillages et dauphins en blanc
ou jaune, dessinés en bleu. Milieu du xvie siècle.
— Haut., 26 cent.

49 — Fabrique de Castel Durante. Assiette creuse.
Au fond, un buste d'homme de style antique de
profil à gauche. Sur les bords, des trophées ; à
l'un d'eux est suspendu un cartouche sur lequel
on lit la date 1530. Camaïeu blanc et bistre sur
fond bleu lapis et jaune. 1530. — Diam., 21 cent.

100

50 — Fabrique de Castel Durante. Coupe. Sur un
fond mi-partie jaune et bleu se détache un buste
de femme de trois quarts à droite, les cheveux
divisés sur le front et roulés en nattes sur la
nuque. Elle est décolletée et vêtue d'une robe
ouverte et d'une chemisette. Autour de cette tête
d'un beau caractère, on lit le nom PROSER-
PHINA *(sic)*. Le pied de cette coupe manque.
Vers 1530. — Diam., 218 millim.

1550

51 — Fabrique d'Urbino. Vase à large panse, sur-

2500

monté d'un col resserré. Sur l'une des faces, sur un fond blanc, dans une couronne de feuillages est représentée une aigle héraldique supportant les armoiries des Montefeltro, ducs d'Urbin. Au-dessous de ce médaillon, sur un cartouche, sont tracées les lettres : H P A O. Sur l'autre face, dans un médaillon, on voit Mutius Scævola se brûlant la main; au-dessous, sur un cartouche, on lit l'inscription . S R - N O. Entre ces médaillons, sur un fond ocre, sont disposés symétriquement des chimères, des trophées et des rinceaux. Au col et à la base du vase, une frise de décor de fleurs en bleu *alla porcellana*. Dessin en bleu modelé de bleu, lavé de jaune et de vert. Commencement du xvie siècle. — Haut., 32 cent.

52 — Fabrique d'Urbino. Vase à large panse, surmonté d'un col resserré. Sur chacune des faces, dans une grande couronne de fruits et de feuillages, un aigle, debout et couronné, supportant les armoiries des ducs d'Urbino de la famille de Montefeltro. Entre ces médaillons, sur un fond teinté en ocre, s'étalent des rinceaux. des fleurs et des dauphins, entourant un vase et un cartouche sur lequel on lit S. P. Q. R. *(Senatus populus que romanus)*. Cette décoration est semblable sur les deux côtés de la panse. A la base

du vase, un rang de feuillage bleu et violet, sur fond blanc. Dessin en bleu modelé de bleu, lavé de jaune et de vert. Commencement du xvie siècle. — Haut., 32 cent. *rest au bord*

53 — Fabrique d'Urbino. Vase de pharmacie de forme cylindrique, muni de deux renflements, l'un à sa base, l'autre vers son orifice. Sur la face principale, on voit une femme assise sur un trône en forme d'X, couronnée et tenant un sceptre terminé par une fleur de lis. A droite et à gauche, deux petits génies ailés. Entre eux, une banderole, sur laquelle on lit l'inscription : EL. D. SORBIS. Fond de paysage et de montagnes. Émaux très brillants. Milieu du xvie siècle. — Haut., 225 millim.

54 — Fabrique d'Urbino. Vase de pharmacie de forme cylindrique, muni de deux renflements, l'un vers sa base, l'autre vers son orifice. Sur la face principale, est représentée une femme couronnée, assise sur un siège en X et tenant en mains un sceptre terminé par une fleur de lis. A droite et à gauche, deux petits génies. Entre eux, une banderole sur laquelle on lit : V. CORDIALE. Fond de paysage. Émaux très brillants. Milieu du xvie siècle. — Haut., 220 millim.

100

55 — FABRIQUE D'URBINO. Coupe à bords godronnés. Tobie, étendu sur un lit dressé à l'extérieur d'un édifice, est devenu aveugle. Sa femme montre un nid d'hirondelles dans un angle du mur et explique la maladie de son mari à deux personnages debout près d'elle. Fond de paysage et de fabriques. Dessin en bistre foncé, modelé de bistre roux. Tons bleu éclairé de jaune, jaune clair, bistre clair, bistre roux, violet. Au revers, l'indication du sujet, en bleu : *Tobia*. Vers 1550. — Diam., 250 millim.

7200

56 — FABRIQUE D'URBINO. Assiette. Le repas de Didon et d'Énée, à Carthage, d'après l'un des compartiments de la gravure exécutée par Marc-Antoine Raimondi, d'après Raphael, et connu sous le nom de *Quos Ego*. Dessin en bleu, modelé de bistre, avec rehauts blancs, sur fond d'émail bleu (*berettino*). Tons bleu vif, vert clair, violet jaune. Dessin soigné ; très bel émail. Au premier plan, le monogramme : F. R. (*Francesco Xanto*). Très belle pièce, vraisemblablement unique, exécutée par Francesco Xanto, sur émail bleuté. Cette assiette a été reproduite en couleur dans le *Recueil des faïences italiennes*, publié par MM. Alfred Darcel et Delange. — Diam., 280 millim. *Felé, rest.*

57 — Fabrique d'Urbino. Assiette. La Naissance de Castor et de Pollux. A gauche, abritée par une draperie, Léda, à demi recouverte par une draperie bleue glacée de vert, reçoit les caresses du cygne. A droite, près de deux arbres chargés de fruits, l'Amour tenant un carquois. Au premier plan, deux œufs brisés, de chacun desquels sort un jeune enfant. Au fond, au centre, un pêcheur. Fond de paysage. Dessin en bistre, modelé de bistre roux. Bel émail. Au revers, l'inscription suivante, en bistre verdâtre : *1538. Di Leda bella il generoso parto.* X. Francesco Xanto, 1538. — Diam., 26 cent.

1100

58 — Fabrique d'Urbino. Assiette creuse à larges bords. Apollon et Daphné. A gauche, on aperçoit Apollon tenant un arc en main et poursuivant Daphné qui fuit vers la droite. Cette dernière est déjà à demi métamorphosée en laurier. Au premier plan, le fleuve Achéloüs, couché et appuyé sur son urne. Fond de paysage, avec fabriques. Dessin en bistre modelé de bistre roux, avec rehauts blancs. Tons bleu vif, vert clair, jaune, bistre noirâtre. Dans le haut de la pièce, un écusson d'armoiries d'azur, à 3 croissants d'argent adossés. Attribué à *Francesco Xanto.* Vers 1535. — Diam., 26 cent.

950

580

59 — FABRIQUE D'URBINO. Assiette. Épisode de l'histoire des expéditions d'Annibal en Italie. En avant d'un camp, dont les tentes se dressent au second plan, des soldats transportent du butin sur leurs épaules, tandis que d'autres entraînent un prisonnier. Fond de paysage et de fabriques. Très bon dessin en bistre, modelé de bistre roux. Tons bleu clair, violet, jaune, bistre roux, vert clair. Très bel émail. Au revers, la légende suivante :

68.

Annibal fa predar a i galli intorno.
E da Romani i suoi predati fuorno.
Orazio Fontana.

Pièce provenant d'un service exécuté pour les Médicis et dont quelques pièces se trouvent à Florence, au Bargello. — Diam., 24 cent.

7000
Gerard Baron

60 — FABRIQUE D'URBINO. Grand plat. L'Adoration des mages. A droite, à l'entrée de l'étable, est assise la Vierge portant sur ses genoux l'Enfant Jésus. L'un des mages est agenouillé devant ce groupe et répand, sur les pieds de la Vierge, les parfums contenus dans une urne qu'il tient de la main gauche. Au second plan et en arrière, deux autres mages debout, en costume oriental et portant des vases d'orfèvrerie. Plus loin, la suite des

mages, des chevaux et des chameaux. Tout à fait
au fond, sur une montagne, les bergers ; dans le
ciel, l'étoile qui a guidé les mages. Dessin en
bistre, modelé de bistre roux. Tons bleu, bistre
roux, violet, noir, jaune clair, vert foncé. Bord
teinté de jaune. Vers 1535. — Diam., 425 millim.

61 — FABRIQUE D'URBINO. Gourde à panse aplatie
munie de deux anses en relief représentant des
dragons. Sur l'une des faces, au milieu d'un
paysage, on aperçoit Bacchus assis sur une sorte
de tróne, entre un satyre et un autre personnage,
qui vide dans un grand vase les raisins contenus
dans une corbeille. Sur l'autre face, l'Amour,
monté sur un arbre autour duquel monte une
vigne, fait la vendange en compagnie de deux
hommes, d'une femme et d'un enfant. Au-dessus
de cette scène, un écusson d'armoiries, vairé
d'argent et d'azur. Émail très brillant. Bouchon
moderne. Atelier d'*Orazio Fontana*. Milieu du
xvi⁰ siècle. — Haut., 27 cent.

62 — FABRIQUE D'URBINO. Assiette plate. Saturne
changé en cheval. A droite, Jupiter, au milieu
des nuages, donnant des ordres. Au centre,
Saturne métamorphosé en cheval ; une femme

nue, vue de dos, l'accompagne et un génie tient
sa faux. Fond de paysage. Dessin très élégant,
modelé de bistre très doux, avec rehauts de
blanc. Très bel émail. Au revers, l'inscription :
Saturno mutato in cavallo. Première moitié du
xvie siècle. Atelier des *Fontana.* — Diam.,
285 millim.

360

63 — FABRIQUE D'URBINO. Coupe godronnée. Hécube
changée en chien. Au premier plan, Hécube, au
milieu d'un groupe de femmes et d'hommes, qui
s'éloignent d'elle, en voyant que son visage a pris
la forme d'une tête de chien. A gauche, un groupe
de trois personnages debout. Fond de paysage
montagneux, accompagné de fabriques. Dessin en
bistre, modelé de bistre roux. Bel émail. Au revers, l'indication du sujet, tracée en bleu : *Ecuba
in can conconverso* (sic). Atelier des Fontana.
Milieu du xvie siècle. — Diam., 270 millim.

410

64 — FABRIQUE D'URBINO. Coupe godronnée. La
Mort de Crésus. Crésus est assis, les mains liées
derrière le dos, devant son vainqueur. Des soldats l'entourent et l'un d'eux lui verse de l'or
fondu dans la bouche. Fond de paysage et de
fabriques. Dessin de pratique en bistre, modelé

de bistre roux. Ton général jaunâtre, émail très brillant. Au revers, sous le pied, l'indication, d'ailleurs incorrecte, du sujet : *Casso quando... colato l'oro in la gola.* Vers 1560. — Diam., 28 cent.

65 — FABRIQUE D'URBINO. Coupe. L'Annonciation. A droite, la Vierge agenouillée devant un prie-Dieu, abrité par une draperie, retourne la tête et fait un geste d'étonnement en apercevant l'ange Gabriel qui lui apparaît entouré de nuages. Fond de paysage. Dessin enbleu modelé de bistre roux. Ton général jaunâtre. Seconde moitié du XVIe siècle. — Diam., 25 cent. *fracture*   *50*

66 — FABRIQUE D'URBINO. Coupe. Sujet inconnu. A gauche, dans un palais en ruine de style antique, un roi, vêtu en guerrier romain, est assis sur un trône ; plusieurs personnages, parmi lesquels on distingue des soldats, l'entourent. A ses pieds est agenouillé un jeune homme qui semble l'implorer, tandis qu'un autre jeune homme, tourné vers la droite, décoche une flèche sur un personnage mort, attaché sur une pièce de bois adossée à un mur. Dessin de pratique en bistre, modelé de bistre roux. Tons bleu, vert clair,   *320*

rest.

jaune, gris; le pied de la coupe manque. Deuxième moitié du xvie siècle. — Diam. 245 millim.

67 — Fabrique d'Urbino. Aiguière. La panse, de forme ovoïde, repose sur un pied bas décoré de moulures. Le col, très resserré, se termine par un goulot trilobé et découpé auquel se rattache une anse en volute qui prend naissance sur un mascaron en relief, placé sur l'épaule du vase. La décoration, peinte sur la panse, représente une scène de pêche sur un lac. Fond de paysage montagneux. Très bel émail. Milieu du xvie siècle. — Haut., 31 cent.

68 — Fabrique d'Urbino. Grande vasque. De forme circulaire, elle repose sur un pied, également circulaire, orné de moulures. Son fond se renfle en boudin et ses bords sont renversés. Les anses sont composées de serpents entortillés. A l'intérieur, est représenté l'Enlèvement d'Hélène, d'après une estampe de l'école de Raphael. L'extérieur est décoré de deux groupes de personnages, hommes et femme au milieu d'un paysage. Dessin en bistre, modelé de bistre roux, avec rehauts blancs. Tons jaune, vert sombre, vert

clair, bistre, bleu. Bon émail. Vers 1560. —
Haut., 235 millim.; diam., 40 cent.

69 — FABRIQUE D'URBINO. — Plat creux. La Création
de la femme. Dieu le Père, vêtu d'une longue
robe et d'un grand manteau, couronné et nimbé,
fait sortir Ève du flanc d'Adam. Fond de paysage.
Dessin en bistre, modelé de jaune et de bistre.
Tons bleu, bistre roux, vert jaunâtre. Au revers,
i'indication du sujet, en bleu : *Quando Dio creo
Adame et Eva*. Fin du XVIe siècle. — Diam.,
31 centim.

70 — FABRIQUE D'URBINO. Coupe à pied. Vénus,
l'Amour et un satyre. A gauche, près d'un arbre,
est couchée Vénus demi-nue, vers laquelle
l'Amour darde une flèche; à droite, on voit un
satyre qui s'avance vers la déesse. Fond de montagnes. Bon dessin en bistre, modelé de bistre
et de jaune. Tons bleu clair, violet, vert clair.
Vers 1540. — Diam., 255 millim.

71 — FABRIQUE D'URBINO. Flambeaux (paire de). La
base circulaire est bombée et surmontée d'un
plateau mouluré au milieu duquel se dresse la
tige en forme de balustre. Décor polychrome :

paysage avec fabrique et anges entourés de nuages.
Seconde moitié du xvıe siècle. — Haut., 185 millim.

72 — Fabrique d'Urbino. Plat. A gauche est assis
sur le trône, en avant d'un palais, un roi auquel
quatre personnages amènent un prisonnier. Il
s'agit probablement d'un épisode de l'histoire de
Troie : Sinon amené devant Priam. Fond de
paysage. Dessin sommaire en bleu modelé de
bistre ronx. Bel émail. Au revers, des cercles
concentriques bleu et jaune. Fin du xvıe siècle.
— Diam., 300 millim.

73 — Fabrique d'Urbino. Grand plat circulaire.
Moïse frappant le rocher. A gauche, Moïse debout, accompagné de deux prêtres, frappe le rocher d'où sort une source abondante, à laquelle
viennent se désaltérer les Israélites. Au second
plan, des chameaux ; puis, plus loin, le camp des
Hébreux. Dans le ciel, Dieu le Père, entouré de
nuages. Ton général jaunâtre. Au revers, le monogramme A. G., tracé en manganèse. Atelier
des *Patanazzi*. Fin du xvıe siècle. — Diam.,
50 cent.

74 — Fabrique d'Urbino. Grande écritoire de forme

rectangulaire, portant sur des pieds composés de cuirs découpés, décorée sur les bords de huit figures d'anges dont quatre surmontent des aigles couronnés. Sur les grandes faces, dans des cartouches sont tracées des inscriptions pieuses ; ces cartouches font saillie sur un bourrelet décoré de grotesques sur fond blanc. Aux deux extrémités de cette base s'ouvrent deux tiroirs. Un groupe de haut-relief, representant Orphée charmant les animaux, surmonte cette écritoire de forme monumentale. Atelier des *Patanazzi*. Fin du xvie siècle. — Haut., 46 cent.; larg., 31 cent.; long., 46 cent.

75 — FABRIQUE D'URBINO. Écritoire. Cette écritoire est formée par un groupe de haut-relief recouvert d'émaux polychromes, représentant Hercule domptant le taureau. Sur la base du groupe est fixé un récipient circulaire destiné à contenir l'encre. xvie siècle. — Haut., 31 cent.

76 — FABRIQUE DE FERRARE. Grande vasque de forme trilobée reposant sur trois pieds en forme de griffes et munie sur ses flancs de trois anses décorées de mascarons en relief. A l'intérieur, dans un grand médaillon trilobé entouré de cuirs

découpés et de mascarons, flanqué de trois médaillons plus petits, un groupe de divinités marines, debout ou assises en avant d'un rocher. Sur les bords, des grotesques sur fond blanc. L'extérieur est décoré de grotesques et de camaïeux. Dessin pratique; modelé très ressenti de bistre roux. Bord, pieds et anses teintées de jaune, de vert et bistre verdâtre, le tout rechampi de bistre roux. Deuxième moitié du XVIᵉ siècle. — Haut., 24 cent.; diam., 49 cent.

800

77 — FABRIQUE DE PESARO. Gourde à panse aplatie, munie de deux anses formées de serpents se rattachant à des masques de satyres en relief. Sur l'une des faces est représenté le Sacrifice d'Abel et de Caïn; sur l'autre face, on voit Caïn tuant Abel. Fond de paysage. Bon dessin, modelé en bistre roux. Émail brillant; anses teintées de jaune rechampies de bistre roux. Bouchon moderne. Vers 1550. — Haut., 29 cent. *ref.*

530

Froeschels

78 — FABRIQUES DE FORLI ET DE GUBBIO. Assiette creuse à larges bords. La Chasse du sanglier de Calydon. Quatre hommes nus armés d'épieux et d'épées et une femme vêtue d'une tunique flottante, entourent l'animal et le frappent. Fond de paysage.

Dessin de pratique en bistre modelé de bistre. Tons en général pâles. Rehauts de rouge rubis et de jaune chamois à reflets métalliques. Au revers, l'indication du sujet, tracée en bleu : *La Cacia del porco di Calistone* (sic). Pièce peinte à Forli, puis rehaussée de reflets à Gubbio dans l'atelier de *Giorgio Andreoli*. Vers 1540. — Diam., 245 millim.

79 — FABRIQUE DE RIMINI. Coupe. Au premier plan un groupe de guerriers, vêtus à l'antique, s'empressent autour de l'un des leurs qui élève sur une pique une tête coupée ; un autre porte un étendard sur lequel on voit un scorpion. Fond de paysage montagneux et de fabriques. Dessin en bistre modelé de bistre. Tons pâles. Au revers, l'indication du sujet tracée en bleu : *la Testa di Asdrubale*. Vers 1550. — Diam., 250 millim.

80 — FABRIQUE DE VENISE. Très grand vase à deux anses, à panse ovoïde, muni d'un col resserré et très légèrement évasé à son orifice. Les anses plates se rattachent à la panse et à l'épaule du vase par de beaux mascarons en relief. Chacune des faces du vase est ornée d'un grand médaillon entouré de cuirs découpés : dans l'un, au milieu

d'un paysage accompagné de fabriques, on voit le jeune David debout, tenant la tête de Goliath qu'il vient de trancher; dans l'autre, l'Amour lutine un satyre. Entre ces médaillons et sur le col du vase se déroulent de grands rinceaux et des fleurs sur fond bleu lapis. Dessin en bleu modelé de bistre; tons bleu, vert, violet, jaune, bistre. Très bel émail. Atelier de *Domenico da Veneʒia*. Vers 1560. — Haut., 38 cent.

81 — FABRIQUE DE VENISE. Vases de pharmacie (deux petits) de forme cylindrique, étranglés vers leur partie médiane, décorés de grands rinceaux polychromes sur fond bleu lapis. Sur chacun de ces vases est peint un écusson d'armoiries d'or à trois lances de gueules brisées posées en barres, accompagnées des lettres M. L. R.; au chef de même chargé de trois têtes au naturel. Vers 1560. — Haut., 16 cent.

82 — FABRIQUE DE VENISE. Grand plat circulaire à décor en relief. Au centre, Ève offrant une pomme à Adam assis au pied de l'arbre de la science du bien et du mal. Sur les bords, de grands rinceaux. Les reliefs émaillés en bleu clair s'enlèvent sur un fond de manganèse. Au revers, des pa-

raphes tracés en bleu. xviiie siècle. — Diam., 45 cent. *felé*

83 — Fabrique de Venise. Grand plat circulaire à décor peint et en relief. Au fond, deux femmes assises sur un tertre au milieu d'un paysage au fond duquel on aperçoit des fabriques. Dessin en manganèse, en bleu, vert et jaune. Sur le bord, de grands rinceaux et des fleurs en relief lavés de jaune et de vert clair s'enlevant sur un fond bleu clair tacheté de violet. Au revers, des paraphes tracés en bleu. xviiie siècle. — Diam., 48 cent.   330

84 — Fabrique de Venise. Grand plat circulaire à décor peint et en relief. Au fond, Jupiter planant dans le ciel; l'aigle lui sert de monture et il tient en main la foudre. Dessin en bleu, vert, jaune et manganèse sur fond d'émail bleuté; sur le bord, de grands rinceaux en relief rechampis de bleu. xviiie siècle. — Diam., 47 cent.   *cassé*   30

85 — Fabrique de Montelupo. Grand plat creux. Au centre est sommairement dessiné un personnage en costume de la fin du xvie siècle. Il marche vers la droite; il porte au bras gauche un bouclier, et de la main droite brandit une épée. Fond   *80*   *res*

rest.

de paysage et de fabriques. Dessin en bleu. Tons
jaune, bistre roux, violet, bleu foncé, vert clair.
Revers émaillé seulement en partie. xviiie siècle.
— Diam., 38 cent.

86 — FABRIQUE DE SAVONE. Grand vase de pharmacie.
La panse, de forme ovoïde, repose sur un pied
circulaire décoré de moulures. Deux anses recourbées en forme de têtes de lions naissent sur les
flancs au-dessus de gros mascarons, et encadrent
un col cylindrique. Sur la panse, au-dessus d'un
gros mascaron où s'insérait un robinet, sur une
banderole, on lit l'inscription *Acq(ua)Scorsri*. Décor en bleu, sur fond blanc représentant des
anges au milieu d'un paysage. xviie siècle. —
Haut., 42 cent.

87 — FABRIQUE ITALIENNE. Grand plat décoré sur engobe suivant le procédé dit *alla castellana*. Autour
d'une table rectangulaire, trois femmes et trois
hommes en riches costumes jouent aux tarots.
Sur le bord du plat est gravée une course de rinceaux. Tons vert et brun. Revers vernissé par-
dessus l'engobe. Vers 1560.— Diam., 375 millim.

88 — FABRIQUE D'ITALIE. Grand plat creux décoré

sur engobe par le procédé dit *alla castellana*. Au centre, dans un médaillon circulaire, le Tau de Saint-Antoine de Viennois ; tout autour de ce médaillon, s'étalent une course de grands rinceaux accompagnés de marguerites. Sur les bords, une course de feuillages. Revers vernissé. xvie siècle. — Diam., 48 cent. *ebreché*

89 — Fabrique italienne. Disque décoré sur engobe suivant le procédé dit *alla castellana*. Au centre, sur une sorte d'ombilic saillant, est représenté un loup. Sur les bords, deux groupes de dauphins adossés, séparés par des palmettes et des feuillages. Tons bleu, vert et jaune. Revers non vernissé. xvie siècle. — Diam., 275 millim. *rest*

90 — Fabrique italienne. Bouteille à panse sphérique, surmontée d'un col étroit, décorée de rinceaux, exécutés sur engobe, suivant le procédé dit *alla castellana*. Sur l'une des faces, dans un médaillon ovale, se voit une fontaine accompagnée de la devise : PER CHE NON SI DIA VOTO ; de l'autre côté, est figurée une grappe de raisin enfermée dans un vase de verre, avec la devise FIN · CHE · SI · ROMPA. Tons vert jaune, bleu, violet. xviie siècle. — Haut., 260 millim.

100

91 — Fabrique italienne. Plateau d'aiguière, de forme circulaire, en terre vernissée de différentes couleurs imitant le marbre. xviie siècle. — Diam., 375 millim.

23
Perse

92 — Fabrique italienne. Assiette. Au centre, sur un fond jaune, un amour debout, dessiné en manganèse et modelé en bistre roux. Sur le bord, des rosaces dessinées en bleu, bistre roux, jaune et vert. Bord jaune rechampi de bistre roux. Revers émaillé de blanc. xviie siècle. — Diam., 21 cent.

65
Bourgeois

93 — Fabrique italienne. Grand plat circulaire. Au centre, un oiseau perché sur un tronc d'arbre. Sur les bords, un décor à compartiments décoré de fleurettes. Tons violet, rouge, vert, jaune sur fond d'émail jaunâtre. xviiie siècle. — Diam., 42 cent.

67

94 — Écusson de forme ovale entouré de cuirs découpés; d'azur à muraille maçonnée de sinople, surmonté d'un trépied d'argent servant de support à un lion d'or. xviie siècle. — Haut., 41 cent.; larg., 32 cent.

130
Musée de Sèvres

95 — Grande lampe à quatre becs. La base large et

à bords contournés, bordée de moulures, est décorée de bouquets et de guirlandes de fleurs bleu, violet, vert, jaune pâle sur fond blanc. Au centre de cette base se dresse une longue tige qui supporte un récipient muni de quatre becs et surmonté d'un amortissement mouluré formant couvercle. Sur la tige et le récipient, des anneaux et des guirlandes dessinés en bleu, vert et jaune. Sous la base, on lit : *Citta Borgo S. Sepolcro a 6 febraio 1771. Maria Rolet me fecit.* Fabrique de Borgo San Sepolcro, 1771. — Haut., 67 cent.

96 — FABRIQUE ITALIENNE. Flambeaux (paire de). Leur base très large est circulaire et bordée de moulures. Leur tige est à quatre redents semi-circulaires et toute droite. Sur la base, sur fond d'émail blanc, est peint un écusson d'armoiries, timbré, soutenu par deux hommes sauvages. Écartelé aux 1 et 4 d'argent à 3 moineaux de sable; aux 2 et 3 d'azur à 1 fleur de lis d'argent. XVIIe siècle. — Haut., 295 millim.

TERRES ÉMAILLÉES DES ROBBIA

97 — La Nativité. La Vierge nimbée et vêtue de long, agenouillée, adore l'Enfant Jésus couché à

terre devant elle. A gauche, se tient debout le jeune saint Jean ; à droite, saint Joseph, assis, la tête reposant sur sa main gauche. Dans le fond, on aperçoit l'Annonciation aux bergers. Bas-relief en terre cuite émaillée de bleu et de blanc, entourée d'une guirlande de feuillages et de fleurs. Atelier des della Robbia. École florentine. Fin du xve siècle. — Diam., 56 cent.

98 — Grand cadre en terre cuite émaillée de bleu et de blanc. Cintré par le haut, ce cadre est flanqué de deux pilastres décorés de candélabres, de cartouches, de dauphins, de trophées ; sur l'un des cartouches se lit la date de MDXI. A l'intérieur du cadre, une bordure formée par des têtes de chérubins se détachant en relief sur fond bleu. Au sommet du cadre, le Saint-Esprit. Atelier de Giovanni della Robbia. École florentine, 1511. — Haut., 1 m. 80 cent.; larg., 1 m. 32 cent.

99 — Buste d'ange. Le buste s'arrête au-dessous des épaules. La tête penchée vers la gauche, le visage encadré de longs cheveux bouclés qui retombent sur les épaules, il est vêtu d'un manteau drapé sur l'épaule gauche et d'une tunique. Terre cuite en partie émaillée de blanc, de bleu et de vert.

Attribué à Giovanni della Robbia. Florence.
Commencement du xviᵉ siècle. — Haut., 28 cent.

100 — Jeune amour couronné de pampres, à cheval
sur un dauphin voguant sur les flots. Groupe en
terre cuite émaillée. Travail italien dans le style
des della Robbia. — Haut., 39 cent.; larg.,
32 cent.

101 — Buste d'homme casqué de profil à gauche. Bas-
relief en terre cuite émaillée de blanc sur fond
bleu. Encadrement orné. École des Robbia. —
Haut., 75 cent.; larg., 55 cent.

102 — Jeune enfant assis sur [un rocher, le corps
penché en avant et soutenant une brassée de
roses. Groupe en terre cuite émaillée de blanc et
de manganèse. Travail italien dans le style des
della Robbia. — Haut., 42 cent.

103 — L'Enfant Jésus. Il est étendu, la tête légèrement renversée en arrière et entourée de longs
cheveux. De ses deux mains, il tient un calice.
Haut-relief de terre cuite émaillée de blanc, de
violet et de vert. Atelier des della Robbia. —
Haut., 27 cent.; long., 17 cent.

FAIENCES HISPANO-MORESQUES

3050

104 — FABRIQUE DE VALENCE. Bassin de forme circulaire décoré de bourrelets symétriques disposés autour du centre comme les pétales d'une marguerite. Entre ces bourrelets dessinant les pétales, des points saillants. Au centre, un écusson d'armoiries chargé d'un lion. Tout le reste de la pièce est chargé de menus feuillages tracés en rouge à reflets métalliques intenses sur fond d'émail blanc jaunâtre. Revers décoré de feuillages d'acacia. Fin du xve siècle. — Diam., 43 cent. *rep.*

530
Goldschmidt
r. Laffitte

105 — FABRIQUE DE VALENCE. Grand plat. Sur l'ombilic saillant est peint un écusson chargé d'un aigle couronné. Autour de cet ombilic, sur le fond du plat, divisé en huit quartiers, des fleurs, des guillochages et des inscriptions illisibles dans lesquelles on distingue les lettres RBVM... Sur le bord, des godrons. Décor en rouge cuivreux à reflets métalliques et en bleu sur fond jaunâtre. Au revers, une rosace et des feuillages d'acacia. Fin du xve siècle. — Diam., 48 cent.

35
Froeschels

106 — FABRIQUE DE VALENCE. Plat. Autour de l'om-

bilic très saillant sont rangés symétriquement des compartiments rectangulaires décorés de fleurons en réserve. Dessin en rouge cuivreux sur fond blanc jaunâtre. Au revers, une rosace, des cercles concentriques et des feuilles d'acacia. XVIᵉ siècle. — Diam., 40 cent.

107 — FABRIQUE DE VALENCE. Petit plat. Il est décoré d'un ornement formant une résille à mailles losangées ; sur les bords, un décor en dents de loup encadrant des fleurons sommairement des-sinés. Ces dessins sont exécutés en jaune chamois à reflets métalliques sur fond blanc jaunâtre. Au revers, des paraphes en jaune chamois. Com-mencement du XVIᵉ siècle. — Diam.; 290 millim.

108 — FABRIQUE DE MANISSÈS. Petite écuelle décorée à son centre d'une tige d'œillets, et sur les bords de spirales en rouge cuivreux à reflets métalliques sur fond blanc jaunâtre. XVIIᵉ siècle. — Diam., 190 millim.

109 — FABRIQUE DE MANISSÈS. Fontaine en forme de tonneau fermée par un couvercle surmonté d'un groupe en relief représentant saint Georges ter-rassant le dragon. Le haut et le bas de la fontaine, sont décorés de cercles bleu et rouge cuivreux à

reflets métalliques; la partie médiane est ornée de bouquets d'œillets, peints en bleu et rouge cuivreux sur fond d'émail blanc jaunâtre. xviie siècle. — Haut., 48 cent.

110 — Fabrique de Manissès. Plat creux décoré d'un oiseau et de bouquets d'œillets en jaune chamois à reflets métalliques sur fond d'émail blanc jaunâtre. xviie siècle. — Diam., 345 millim.

111 — Fabrique de Manissès. Bassin de forme hémisphérique, décoré d'un grand oiseau et de feuillages peints en rouge cuivreux sur fond d'émail blanc jaunâtre. xviie siècle. — Diam., 39 cent.

112 — Fabrique de Manissès. Bassin de forme presque hémisphérique, décoré d'un oiseau fantastique et de feuillages peints en rouge cuivreux sur fond d'émail blanc jaunâtre. xviie siècle. — Diam., 41 cent.

FAÏENCES ÉTRANGÈRES DIVERSES, GRÈS

113 — Fabrique allemande. Très grand poêle en faïence décoré de reliefs et de peintures. Le

corps du poêle affecte la forme d'une tour à pans coupés, portée sur des figures de lions accroupis de haut-relief. Cette tour est décorée à ses angles de pilastres dans le style de la Renaissance allemande et sur chacune de ses faces, sous des arcatures sont peintes de grandes figures représentant les Saisons et les Arts libéraux, le tout accompagné de longues inscriptions. Au-dessus des pilastres se dressent des figures d'anges soutenant des écussons d'armoiries ou des cornes d'abondance. Entre ces figures, dans des médaillons sont représentées les œuvres de miséricorde. Enfin, un large entablement soutient un couronnement sur lequel sont représentés en relief des anges et des vases de fleurs. En arrière de cette tour, qui forme avant-corps, se dresse un revêtement de faïence de forme architectonique, muni à sa base d'une cavité formant jardinière et raccordant le poêle à une grande stalle en faïence. Cette stalle porte sur son fronton supporté par deux colonnettes la date 1642. Sur les accotoirs sont des lions en relief et des personnages en costume du xviie siècle sont peints sur les panneaux. Émaux polychromes sur fond blanc. 1642. — Haut., 2 m. 25 cent.; larg., 1 m. 40 cent.; long., 1 m. 37 cent.

60

114 — FABRIQUE ALLEMANDE. Beurrier. Sur un plateau de forme découpée, composé d'une large feuille de chou, est posé un melon qui, ouvert par la moitié, forme le beurrier. Tout autour sont rangées des fleurs en relief, dont l'une forme salière, et deux grosses écrevisses. Tons rouge vif, jaune, vert clair et vert foncé, marque D o P tracée en manganèse sous le pied. xviiie siècle. — Haut., 10 cent.; larg., 24 cent.

15

115 — FABRIQUE ALLEMANDE. Figurine d'un personnage de la comédie italienne, vêtu de noir, avec col et ceinture dorée. — Haut., 17 cent.

120

116 — FABRIQUE DE RAEREN. Cruche à panse ovoïde décorée sur sa partie médiane de sept bas-reliefs représentant l'histoire de Judith et d'Holopherne. Sur l'épaule du vase, des ornements en creux divisés par quartiers; sur le col, des mascarons et des lambrequins en relief. Un couvercle en étain gravé portant les initiales E H L et la date 1680 se rattache à l'anse. Tons bleu et gris. xviie siècle. — Haut., 250 millim.

500
Froeschels

117 — FABRIQUE DE CREUSSEN. Pot à bière en grès brun, de forme cylindrique, muni d'une anse

décorée d'un mascaron en relief et d'un couvercle
en étain. Sur la panse, de chaque côté d'un écusson d'armoiries écartelé, surmonté du nom du
possesseur : *Philipp von Seybothen*, se développe une frise en relief peinte en émaux polychromes, représentant une chasse au renard et
une chasse à l'ours. XVIIe siècle. — Haut.,
140 millim.

118 — FABRIQUE DE CREUSSEN. Pot à bière en grès
brun de forme cylindrique, muni d'une anse décorée d'un mascaron en relief et d'un couvercle
en étain. Sur la panse se développe une frise en
relief, peinte en émaux polychromes, représentant une chasse à l'ours. Sur la face, au-dessous
d'un médaillon représentant un cerf, on lit le
nom du possesseur : *Johan Georg Hass*, et près
de l'anse, la date 1673. — Haut., 145 millim.

119 — FABRIQUE DE DELFT. Coupe à fruits découpée
à jour à bords dentelés, reposant sur trois pieds.
Décor de feuillages chinois sur émail blanc bleuté.
Au revers, une hache, marque tracée en bleu.
XVIIe siècle. — Diam., 225 millim.

120 — FABRIQUE DE DELFT. Coupe à fruits sem-

blable à la précédente. Même marque. — Diam., 225 millim.

121 — **Fabrique portugaise.** Petit vase piriforme muni d'un col bas et cylindrique décoré d'un bouquet de fleurs sur fond d'émail blanc. Tons violet, bleu, vert sombre, jaune et bistre roux. Sous le pied, une marque R tracée en manganèse. xviiie siècle. — Haut., 125 millim.

122 — **Fabrique de Kutahia.** Broc piriforme, décoré de feuillages en relief, de tulipes et de bouquets de mêmes feuillages polychromes. — Haut., 15 cent.

123 — **Fabrique de Kutahia.** Bouteilles (deux petites) à panse piriforme et à col très élevé et étroit. Décor de feuillages en relief et de feuillages polychromes. — Haut., 175 millim.

FAIENCE DE SAINT-PORCHAIRE

124 — **Faience de Saint-Porchaire,** dite d'Oiron ou de Henri II. Très belle salière, en forme de petit temple triangulaire cantonné de pilastres en

ressaut auxquels sont adossés des Termes engainés, surmontés de têtes de béliers et élevés sur des piédestaux que supportent trois pieds figurés par des mascarons chimériques. Chacune des trois faces simule une arcade à plein cintre surmontée d'un fronton triangulaire et dont le soubassement est à degrés. Cette pièce est décorée dans toutes ses parties d'incrustations de terre brune et rouge, elle est rehaussée d'émaux bleu, jaune et vert sur fond blanc. L'ornementation consiste en fleurons, entrelacs, nielles, et petits compartiments au monogramme du Christ. La cavité du saleron à bordure ovale saillante porte les croissants mal ordonnés de Diane de Poitiers, et sur les écoinçons du dessus, se voit l'initiale du roi Henri II, plusieurs fois reproduite.

Cette pièce, d'une ordonnance admirable et d'une réussite parfaite, a été publiée dans plusieurs ouvrages, et notamment, dans les faïences d'Oiron, de Delange. — Haut., 14 cent. ; largeur de chaque face, 12 cent.

FAIENCES FRANÇAISES

125 — FAIENCE DE BERNARD PALISSY. Grand plat ovale. La Charité ou la Fécondité : A droite, une femme

nue, étendue sur des coussins, sous une drape-
perie, joue avec un jeune enfant. A gauche, au
second plan, quatre autres enfants. Fond d'architecture. La bordure est décorée de huit cavités
ovales ou circulaires, vertes ou jaspées, bordées
de galons, séparées par des mascarons ou des
bouquets de fruits. Revers jaspé, marqué au
centre d'une petite fleur de lis imprimée en creux.
Belle épreuve d'une des pièces les plus célèbres
de Bernard Palissy. — Long., 49 cent.

manque au bord

126 — FAIENCE DE BERNARD PALISSY. Plat à épices de
forme ovale. Autour d'une cavité centrale sont
rangées symétriquement quatre autres cavités
circulaires bordées de galons, jaspées, séparées
par des figures de génies portant des trophées ou
des branches de laurier et s'enlevant sur un fond
violet. Revers jaspé. — Long., 33 cent.

127 — FAIENCE DE BERNARD PALISSY. Plat à épices de
forme ovale. Autour d'une cavité médiane jaspée
sont rangées symétriquement, sur les bords,
huit autres cavités en forme d'étoiles ou de cartouches, teintées de vert ou de tons jaspés,
séparées par des cornes d'abondance. Bordure
d'oves. Revers jaspé. — Long., 34 cent.

128 — FAIENCE DE BERNARD PALISSY. Petit plat ovale. *180*
Au fond est représenté le Baptême du Christ.
Bordure de feuillages découpés, bleu, blanc et
vert. Revers jaspé. — Long., 295 millim.

129 — FAIENCE DE BERNARD PALISSY. Coupe circulaire *100*
à bord découpé décorée d'un réseau de galons
encadrant des godrons disposés symétriquement
autour d'une cavité médiane. Tons jaspés, blanc,
bleu et violet. Revers jaspé. — Diam., 28 cent.

130 — FABRIQUE DE BERNARD PALISSY. Petit plat ovale. *100*
La Décollation de saint Jean-Baptiste. Le bour-
reau remet à Hérodiade la tête du saint dont le
cadavre demi-nu est étendu à terre. Bordure découpée bleu et blanc. Revers jaspé. — Long.,
260 millim. *rest*

131 — FAIENCE DE BERNARD PALISSY. Grand plat *210*
ovale à bords découpés, à décor rayonnant dé-
terminé par des galons entourant des godrons
disposés symétriquement autour d'une cavité
centrale. Décor blanc, bleu, violet et jaune.
Revers jaspé. — Long , 45 cent.

132 — SUITE DE BERNARD PALISSY. Grand plat ovale *165*

deux consoles-appliques *185*

à fond jaspé décoré sur ses bords de palmettes en relief. Tons violet, vert clair, jaune. Revers jaspé. — Long., 425 millim.

105 133 — SUITE DE BERNARD PALISSY. Petit buste du roi Henri IV. Il est vêtu d'une cuirasse par-dessus laquelle est passée une écharpe verte. Commencement du XVIIe siècle. — Haut., 14 cent.

85 134 — SUITE DE BERNARD PALISSY. Coupe circulaire à bords découpés, décorée de mascarons entourés de draperies et de feuillages. Tons jaune, vert clair, bleu, violet et blanc jaunâtre. Revers jaspé. — Diam., 23 cent.

90 135 — SUITE DE BERNARD PALISSY. Aiguière à panse cylindrique légèrement évasée vers son orifice que surmonte un couvercle bombé avec bouton. Le goulot naît sur le culot du vase et se continue dans toute sa hauteur. L'anse à section rectangulaire se rattache au couvercle par un système analogue à celui qui est adopté pour la monture des vases en métal. Décor de pastillages et de fleurs en relief, brun, vert et blanc, sur fond bleu ardoisé. Cette aiguière, dont le couvercle est soudé à la panse, rentre dans la classe des *pots à sur-*

prise. Le pied est refait. xviie siècle. — Haut.,
215 millim.

136 -- Fontaine de forme rectangulaire, surmontée
d'un toit à deux rampants, elle est flanquée de
quatre tourelles portant un oiseau sur leur toit.
Sur chacune des faces de la fontaine, l'écu de
France, sous la couronne royale entre deux
branches de laurier. Le même écu, en relief, est
répété sur chaque rampant du toit. Sur les
pignons, des personnages et des oiseaux, des oies
et une foule de pastillages rapportés. Terre
blanche vernissée de bleu et de violet jaspé et
flambé. Fabrication française (?). Atelier d'Oiron.
xvie siècle. Robinet en argent, de travail moderne,
représentant un enfant sur un dauphin. — Haut.,
41 cent.; larg., 20 cent.

137 — Fabrique de Lyon. Assiette creuse. *Ecce homo.*
A droite, sur un perron à l'entrée d'un palais, est
représenté le Christ debout entre deux personnages vêtus à l'orientale. A gauche, une foule de
personnages vêtus de longues robes et coiffés de
bonnets acclament le Sauveur. Fond d'architecture. Dessin en bistre foncé modelé de bistre
roux. Tons jaune, bistre roux, vert, violet, bleu

sale. Au revers, l'indication du sujet, en bistre :
Ecce homo. Fin du xvɪe siècle, règne de Henri III.
— Diam., 295 millim.

350

138 — Fabrique de Nevers. Gourde de forme aplatie,
à col étroit, munie sur ses flancs de deux anses
destinées à passer des cordons de suspension.
Elle est recouverte d'émail bleu foncé et décorée
de bouquets d'œillets et de tulipes, peints en
blanc et jaune. xvɪɪe siècle. — Haut., 30 cent.

900

139 — Fabrique de Nevers. Gourde à panse aplatie,
à col étroit, munie sur ses flancs de deux petites
anses destinées à passer des cordons de suspension. Chacune des faces est décorée d'un médaillon quadrilobé : dans l'un, on voit Vénus
couchée à terre et jouant avec l'Amour ; dans
l'autre, Vénus couvrant d'une draperie l'Amour
endormi. Décor en bleu modelé de bleu sur fond
jaune. xvɪɪe siècle. — Haut., 290 millim.

100

140 — Fabrique de Nevers. Aiguière. La panse
piriforme repose sur un pied circulaire orné de
moulures. Le col, allongé et de forme découpée
à son orifice, reçoit à sa partie postérieure l'anse
en torsade qui naît sur l'épaule du vase. Décor

de bouquets dessinés en violet modelé en bleu foncé sur fond d'émail bleuté. XVIIe siècle. — Haut., 275 millim.

141 — FABRIQUE DE NEVERS. Broc à panse renflée surmontée d'un col cylindrique que ferme un couvercle bombé terminé par un bouton plat. Décor de bouquets de fleurs peints en blanc et jaune sur fond bleu foncé. Anse en volute. XVIIe siècle. — Haut., 23 cent.

142 — FABRIQUE DE NEVERS. Broc à panse sphérique surmontée d'un col cylindrique légèrement évasé. Le décor consiste en bouquets de tulipes et d'œillets et en oiseaux peints en blanc et jaune sur fond bleu foncé. Anse en torsade jaspée de blanc sur fond bleu. XVIIe siècle. — Haut., 195 millim.

143 — FABRIQUE DE NEVERS. Burette. La panse piriforme repose sur un pied circulaire, elle est munie d'un col étroit, d'un goulot qui prend naissance au fond du vase et d'une anse plate recourbée en volute. Décor de bouquets de fleurs blancs et jaunes sur fond bleu foncé. XVIIe siècle. — Haut., 145 millim.

1000

144 — FABRIQUE DE NEVERS. Pichet. La panse ovoïde est surmontée d'un col presque droit auquel se rattache une anse en torsade décorée de jaspures bleu sur fond blanc. Sur la panse et sur le col, sur un fond de mer, des enfants montés sur des cygnes, un jeune satyre portant une corbeille de fruits, des cygnes et un dauphin. Dessin en manganèse modelé de bistre et de jaune et de manganèse. *Atelier des Conrade.* Commencement du XVIIe siècle. — Haut., 235 millim.

150

145 — FABRIQUE DE NEVERS Grand plat circulaire recouvert d'émail bleu foncé jaspé de blanc. XVIIe siècle. — Diam., 46 cent.

2600

146 — FABRIQUE DE ROUEN. Grand vase à panse piriforme, resserré vers son orifice et muni de deux anses formées de serpents tordus dont les têtes viennent reposer sur l'épaule du vase. Le décor, exécuté en bleu et rouge, consiste en rinceaux, palmettes et compartiments brodés, guirlandes de fleurs et de fruits et lambrequins. Sur l'une des faces, on lit la date 1732 ; sur l'autre, on voit un écusson d'armoiries sommé d'une couronne, accompagné d'une crosse et d'une mitre épiscopale : de gueules à deux clefs d'argent en sau-

rest.

80

pot à surprise

500

grand plat

toir, accompagnées d'une fleur de lis de même en chef (Clermont-Tonnerre). Le pied du vase est moderne. *Atelier de Guillibaux.* — Haut., 61 cent.

147 — Fabrique de Rouen. Grand plat circulaire. Le centre est occupé par une grande rosace à décor en réserve entourant une branche de fleurs. Sur le bord, une large frise composée de fleurons, de rinceaux et de fleurs symétriquement disposés. Décor bleu et rouge. Commencement du xviie siècle. — Diam., 585 millim.

148 — Fabrique de Rouen. Grand plat circulaire décoré en son centre d'un grand médaillon entourant une corbeille de fleurs. De ce médaillon partent huit bandes qui se raccordent avec les festons et les bouquets qui forment la décoration du bord. Décor à réserves accompagnées de broderies exécuté en bleu et en rouge sur fond d'émail blanc bleuté. Au revers, la marque G en bleu. *Fabrique de Guillibaux.* Commencement du xviiie siècle. — Diam., 455 millim.

149 — Fabrique française. Petite chaire à prêcher. Ce monument se compose de quatre pièces sé-

parées, réunies par une monture en bois : une
chaire à six pans décorée de torsades, de médaillons et de tulipes, un pasteur les mains jointes,
en costume du xviiᵉ siècle et formant bouteille ;
enfin, un dais à six pans découpé à jour, auquel
est suspendue une colombe figurant le Saint-
Esprit. Décoration gravée et vernissée, de jaune,
de vert, de violet sur engobe. xviiᵉ siècle. —
Haut., 53 cent.

150 — Fabrique d'Avignon. Grand vase piriforme, à
base hexagone, décoré d'anses en volutes plusieurs fois repliées et de guirlandes de fruits et
de fleurs en relief. Il est entièrement vernissé en
brun et en jaune. xviiᵉ siècle. — Haut., 31 cent.

151 — Fabrique d'Avignon. Plateau à six lobes en
terre vernissée en brun foncé, garni d'une bordure à jour. Il repose sur trois pieds. xviiᵉ siècle.
— Diam., 39 cent.

152 — Fabrique de Moustiers. Grand plat circulaire
à fond blanc, à bords découpés, décorés de guirlandes de fleurs en jaune, vert et bleu. Au centre,
dans un médaillon circulaire, entouré de fleurs,
le triomphe d'Amphitrite. Tons bleu, jaune, vert,

violet. Au revers, le monogramme P O S. (Ollery),
tracé en jaune, xviiie siècle. — Diam., 385 millim.

153 — Fabrique de Moustiers. Plat oblong à bords
contournés. Au centre, un personnage assis, de
style chinois. Sur les bords, des guirlandes de
fleurs. Décor polychrome sur fond d'émail blanc
jaunâtre. xviiie siècle. — Long., 370 millim.

154 — Fabrique méridionale. Plat oblong à bords
contournés. Au fond, un berger et une bergère
assis au milieu d'un paysage et gardant un trou-
peau de moutons. Sur les bords, des figures de
divinités entourées d'ornements de style rocaille.
Tons jaune, bleu clair, manganèse, et vert clair,
sur fond d'émail jaunâtre. Dessin en bistre.
xviiie siècle. — Long., 47 cent.

155 — Fabrique méridionale. Saucière de style rocaille, munie d'un bec en forme de tête de dragon et d'une anse en volute. Décor vert jaunâtre :
petits feuillages jaunes sur fond d'émail blanc.
xviiie siècle. — Haut., 10 cent.

156 — Fabrique de Niederviller. Cuvette de forme
oblongue et pot à eau couvert de style rocaille.

Le pot à eau est décoré de figures d'amours exécutées en rouge et de bouquets de fleurs polychromes. Au fond de la cuvette, semée aussi de
bouquets de fleurs, une peinture en camaïeu
rouge et blanc représente Loth et ses filles. Sous
la cuvette, la marque O P tracée en rouge.
Fabrique de Robert. xviiie siècle. — Hauteur du
pot, 21 cent.; longueur de la cuvette, 305 millim.

157 — Fabrique de Lorraine. Salière en terre
blanche ayant la forme d'une nacelle avec figurine de pilote au gouvernail. — Larg., 13 cent.

VITRAUX

158 — Deux soldats. A gauche, un personnage vêtu
d'un pourpoint noir à manches rouges et de
chausses rouges, coiffé d'un chapeau à plumes,
à droite, un autre personnage casqué et cuirassé;
appuyé sur une lance. Dans le haut, on voit
Guillaume Tell visant la pomme placée sur la
tête de son fils. Dans le bas, sont tracés les noms
des personnages représentés, accompagnés d'armoiries et de la date 1564. Vitrail polychrome.
Travail suisse. 1564. — Haut., 33 cent.; larg.,
22 cent.

159 — Deux panneaux circulaires semblables, décorés en leur centre des armoiries de l'Empire soutenues par deux lions. Sur les bords du disque sont rangés une série d'écussons accompagnés d'inscription. Vitrail polychrome. Travail allemand ou suisse. xvıı[e] siècle. — Diam., 33 cent.

160 — Vitrail rectangulaire offrant les mêmes armoiries que les pièces précédentes, accompagnées d'inscriptions et de la date 1650. Vitrail polychrome. Travail allemand ou suisse. 1650. — Haut., 43 cent.; larg., 34 cent.

161 — Vitrail rectangulaire représentant les armoiries de l'Empire et deux autres écussons soutenus par des lions. Vitrail polychrome. — Haut., 35 cent.; larg., 22 cent.

162 — Un porte-étendard et un hallebardier. A gauche, un personnage à longue barbe, casqué et cuirassé, tenant de la main gauche un étendard sur lequel est peinte une figure de la Vierge. A droite, un autre personnage, debout, coiffé d'un chapeau à plume et appuyé sur une hallebarde. Entre eux, trois écussons : l'un aux armes d'Empire, les autres chargés chacun d'un bouc

de sable. A droite, on lit la date 1605. Vitrail polychrome. Travail suisse ou allemand. 1605. — Haut., 42 cent.; larg., 33 cent.

163 — L'Empereur Maximilien. Dans un médaillon circulaire bordé de feuillages sur un fond diapré de rouge, se détache en buste un portrait de l'empereur Maximilien, cuirassé et lauré, au-dessus d'un écusson d'or, au lion de sable. Sur une banderole on lit : H. M. IMP. MAXI. 1520. Vitrail polychrome. Travail allemand. 1520. — Diam., 25 cent.

164 — Armoiries. Dans une bordure circulaire décorée de menus feuillages et sur laquelle on lit l'inscription : R. L. 1596. F. P., est inscrit un écusson de gueules à la bande de même, bordée d'argent chargée d'un léopard d'or. Un casque entouré de lambrequins et surmonté d'un cimier en forme de tête de léopard accompagne ces armoiries. Vitrail polychrome. Travail allemand. 1596. — Diam., 26 cent.

165 — Armoiries. Au centre du vitrail, un grand écusson d'armoiries entouré de lambrequins, surmonté d'un casque couronné et d'un cimier en

forme de lion : d'or à bande d'or accompagné de deux lions de même. A droite et à gauche, deux figures allégoriques de femmes et deux enfants, portant les attributs de la chasse et de la pêche. Dans le haut, les armes de l'Empire accompagnées de deux autres écussons. Dans le bas, on lit : *Die Graffschafft Kiburg. 1624.* Vitrail polychrome. Travail suisse. 1624. — Haut., 43 cent.; larg., 33 cent.

166 — Deux arquebusiers et deux dames. Ils sont représentés debout, l'arquebuse sur l'épaule, la fourche en main; à chacun d'eux une dame offre un gobelet. Dans le haut, un bateau sur une rivière, marchant à la voile et à la rame, et un chariot traîné par trois chevaux. Dans le bas, quatre écussons d'armoiries, accompagnés des noms des personnages représentés et de la date 1611. Vitrail polychrome. Travail suisse. 1611. — Haut., 32 cent.; larg., 41 cent.

167 — Le Serment du Rütli. Les trois Suisses, la main levée, sont représentés debout entre deux pilastres. Dans le haut, huit pèlerins se rendant à une chapelle. Dans le bas, Guillaume Tell décochant une flèche sur la pomme posée sur la tête

de son fils, et un écusson chargé d'un T. Inscription à demi effacée. Près du fils de Tell on lit la date 1597. Vitrail polychrome. Travail suisse. 1597. — Haut., 33 cent.; larg., 22 cent.

168 — Un hallebardier et une dame. A gauche, un hallebardier vêtu à la mode du commencement du XVIIe siècle; à droite, une femme âgée lui présente un hanap. Dans le haut, une scène de labourage. Dans le bas, à gauche, des armoiries : d'azur à montagne de 3 coupeaux, sommée d'une croix d'argent cantonnée de quatre étoiles d'or. Au bas, on lit l'inscription : *Christian Breggin Baummeisster des gemeinen hus. 1611*. Vitrail polychrome. Travail suisse. 1611. — Haut., 33 cent.; larg., 22 cent.

169 — David et Abigaïl, fille de Nabal. David, debout, vêtu en guerrier antique, accompagné d'une nombreuse suite, contemple Abigaïl prosternée à ses pieds. Au second plan, des mulets chargés de présents. A droite et à gauche, des pilastres surmontés de figures d'anges, soutenant un cartouche qui contient l'indication du sujet. Au bas, à droite et à gauche, des groupes de deux écussons d'armoiries soutenus par des anges,

accompagnés d'une inscription et de la date 1615.
Vitrail polychrome. Travail suisse. 1615. —
Haut., 43 cent.; larg., 33 cent.

SCULPTURES EN MARBRE

170 — MARBRE BLANC. Bas-relief. La Vierge et l'Enfant Jésus. La Vierge est représentée debout, à
mi-jambes, vêtue de long, tournée vers la droite;
de ses deux mains elle serre contre son sein
l'Enfant Jésus qui tourne le visage vers sa
mère. Encadrement composé de pilastres décorés de candélabres, supportant un entablement
dont la frise est ornée de têtes de chérubins.
École florentine. Seconde moitié du XVIe siècle.
— Haut., 74 cent.; largeur, 55 cent.

171 — MARBRE BLANC. Encadrement composé de
deux montants décorés de tores de lauriers et de
pampres. Le linteau surmonté d'une corniche
est orné d'un écusson d'armoiries placé dans une
couronne de laurier et soutenu par deux petits
génies ailés; l'écusson est chargé d'une bande
sur laquelle se distinguent deux fleurs de lis et
un chien. Aux extrémités du linteau, deux petites

têtes d'enfants. A droite et à gauche de l'écusson,
on lit l'inscription : SOLIVS TEMPORIS HO-
NESTA EST AVARICIA. Italie. xvie siècle. —
Haut., 2 m. 5o cent.; larg., 1 m. 39 cent.

172 — MARBRE BLANC. *Le Roi Louis XIV triomphant
de l'esprit du mal qu'il foule à ses pieds.* Beau
groupe allégorique de *Gobert.* Signé et daté *1690.*
Œuvre d'une grande allure et en bel état de conservation. Sur socle en bois sculpté et doré. —
Groupe. Haut., 8o cent.; avec le socle, 92 cent.

173 — MARBRE BLANC. *Pygmalion en extase devant
sa Galatée.* Très beau groupe de trois figures.
Signé : *E. Falconet,* 1761.
Sur socle en bois doré. — Haut., 88 cent.

174 — MARBRE BLANC. *La Baigneuse au papillon.*
Une source coule à ses pieds, elle se penche
pour saisir un papillon en pierreries posé sur
une plante. Belle statue du xviiie siècle. Élevée
sur socle en bois noir. — Statue. Haut., 9o cent.;
avec socle, haut., 1 m. 82 cent.

175 — MARBRE BLANC. *L'Enfant à l'oiseau et à la
pomme.* Jolie statuette.
Signée : *Pigalle F.* 1784.

Sur socle en bois noir garni de bronze. —
Marbre. Haut., 42 cent.; larg., 35 cent. Avec
socle, haut.. 52 cent.; larg., 38 cent.

176 — Marbre blanc. Deux enfants, le visage sou-
riant, enveloppés d'une draperie nouée sur la
poitrine. Deux bustes du xviiie siècle inspirés de
Pigalle. — Haut., 35 cent.

177 — Marbre blanc. *L'Enfant au nid, l'Enfant à
l'oiseau.* Deux statues inspirées de Pigalle. Sur
socles en marbre portor. — Haut., 45 cent.

178 — Marbre blanc. Bacchante et petit faune.
Groupe de deux figures couchées et posant sur
un lit de repos en bronze doré. Style Louis XVI.
— Haut., 38 cent.; larg., 33 cent.

179 — Marbre blanc. Pendule forme monument
avec figures allégoriques : Flore et l'Amour et
colombes. Monture en bronze doré. Cadran
signé *Ch. Dutertre, à Paris.* Attribuée à l'époque
Louis XVI. — Haut., 46 cent.

180 — Marbre blanc. Bacchus couché. Statuette.

Sur socle en bois doré. du xviiie siècle. — Larg.,
6o cent.

600   181 — MARBRE BLANC. Enfant couché; près de lui
un carquois, un arc et un groupe de colombes.
Statuette sur socle en bois doré. Style Louis XVI.
— Haut. 40 cent.; larg., 3o cent.

510   182 — MARBRE BLANC. Diane chasseresse au repos,
d'après Jean Goujon. Bas-relief ancien. Cadre en
noyer. — Hauteur totale, 53 cent.; larg., 6o cent.

250   183 — MARBRE BLANC. Satyre, nymphes et enfants
dans un paysage animé de bœufs et de moutons.
Bas-relief. Cadre en noyer. — Haut., 5o cent.;
larg., 6o cent. *cassé*

660   184 — MARBRE BLANC. L'Enfant aux fleurs. Statuette
assise sur un coussin en marbre bleu turquin;
posant sur socle en marbre brèche d'Égypte.
Style Louis XIV. — Haut., 5o cent.

350   185 — MARBRE BLANC. Enfant support. Statuette
inspirée de François Flamand. — Haut., 5 1
cent.

186 — MARBRE BLANC. *L'Amour liseur.* Beau groupe inspiré de PIGALLE, formant pendule. Monture en bronze ciselé et doré. Style Louis XVI. — Haut., 65 cent.; larg., 6o cent.

187 — MARBRE BLANC. *Les Petits Faunes musiciens.* Deux statuettes, montées en bronze doré sur fûts de colonnes cannelées, formant flambeaux. Style Louis XVI. — Haut., 38 cent.

188 — Deux cariatides de sphinx debout en marbre brèche rose d'Égypte avec tête et pieds en marbre noir; coiffure en marbre jaune de Syrie. — Haut., 1 m. 85 cent.

189 — MARBRE BLANC. *Apollon* et *Daphné.* Groupe de *Théodon.* Signé. Sur socle en marbre blanc et marbre de couleur, posant sur gaine en bois doré. — Groupe. Haut., 1 mètre; groupe, avec gaine, haut., 2 mètres.

190 — MARBRE BLANC. *Un Enlèvement triomphal,* groupe allégorique de cinq figures attribué au XVIIIe siècle. Posé sur colonne en bois noirci. — Haut., 72 cent.; avec colonne, 2 m. 12 cent.

550
Delauché

191 — MARBRE BLANC. *La Religion.* Statue de femme drapée, rehaussée de vestiges de peinture, tenant dans la main gauche l'Évangile et retenant les plis de sa robe de la main droite. Travail du XVIᵉ siècle. Posée sur une gaine à trois faces en bois sculpté, partie gothique. — Statue. Haut., 1 m. 5 cent.; avec la gaine, 2 m. 10 cent.

2600
Stettiner

192 — MARBRE BLANC. Enfants torchères. Deux statues portant des corbeilles de fruits avec bouquets à quatre lumières en bronze doré; sur supports formés de chevaux ailés également en bronze doré, montés sur plinthes en marbre noir. — Haut., 1 m. 40 cent.

620
Patte recollée

193 — MARBRE BLANC. Jeune Satyre endormi. Couché sur un socle de marbre noir, sa tête repose sur son bras gauche et de sa main droite il s'appuie sur une corne. Ses jambes sont croisées. XVIᵉ siècle. — Haut., 215 millim.; larg., 31 cent.

600

194 — MARBRE. Bénitier. Le fond du bénitier est composé par les rayons qui entourent le Saint-Esprit; à droite et à gauche, on voit deux têtes de chérubins; deux autres chérubins décorent le récipient à eau bénite formé par des nuages; enfin,

deux petits anges soutenant une palme forment
le couronnement du monument. Travail italien.
Fin du xviie siècle. — Haut., 34 cent.; larg.,
23 cent.

195 — Marbre blanc. Enfants porte-lumières. Deux
statuettes inspirées du xviiie siècle. Sur socles en
bronze doré et contre-socles en bois noir. —
Hauteur totale, 70 cent.

900

196 — Marbre blanc. Amour et poésie. Groupe de
deux enfants ailés, assis côte à côte sur un banc
recouvert d'une draperie, et lisant dans un recueil de poésies. A leurs pieds, des attributs de
musique, l'arc et le flambeau de l'Amour. Œuvre
gracieuse dans le style de la fin du xviiie siècle.
Socle à guirlandes et pieds à volutes en bois
doré. — Haut., 68 cent.

4600

197 — Marbre blanc. Statue, grandeur nature, de
Marie Madeleine, assise sur le sol, les cheveux
épars et flottant sur la poitrine, la main posée
sur un parchemin déroulé.
Signée : Gayrard, sculp. 1832. — Haut.,
85 cent.; larg., 1 m. 10 cent.

1500

198 — MARBRE BLANC. Portrait présumé de la princesse de Lamballe représentée en Vestale, les cheveux nattés, la tête recouverte d'un voile, les épaules drapées à l'antique. Buste grandeur nature. — Hauteur, piédouche compris, 65 cent.

199 — MARBRE BLANC. Portrait présumé du prince de Lamballe ; perruque bouclée, jabot de dentelle, habit brodé, manteau croisé sur la poitrine. — Hauteur, piédouche compris, 65 cent.

200 — MARBRE BLANC. Buste grandeur nature de jeune fille, la poitrine à découvert, les cheveux ondulés. Travail moderne dans le goût de Falconet. Piédouche quadrangulaire. — Haut., 55 cent.

201 — MARBRE BLANC. Buste de jeune fille, la tête inclinée sur l'épaule gauche, la gorge à moitié découverte. Il forme pendant avec le précédent. — Haut., 55 cent.

202 — MARBRE BLANC. La Baigneuse. Statuette, d'après Falconet. Socle en bois doré. — Haut., 85 cent.

203-204 — MARBRE BLANC. Deux groupes d'après
Falconet composés chacun de deux statuettes :
l'Amour lutinant une jeune fille. Socles circulaires et cannelés, sur plinthes en marbre turquin.
— Haut., 41 cent.

205 — MARBRE BLANC. Deux statuettes d'enfants
satyres, dansant et jouant, l'un du tambourin,
l'autre du triangle, style de Clodion; un flambeau de bronze doré à feuillages et festons de
lierre surmonte un tronc d'arbre derrière chacune de ces figurines; pieds cannelés garnis de
tigettes de bronze. — Haut., 35 cent.

206 — MARBRE BLANC. Deux statuettes d'enfants assis
en regard et tenant des tiges de flambeaux. L'un
caresse un agneau, l'autre, un petit chien. —
Haut., 34 cent.

207 — MARBRE BLANC. Deux groupes composés
chacun de deux figurines d'enfants supportant
une torche ; plinthes de marbre bleu turquin. —
Haut., 30 cent.

208 — MARBRE BLANC. Deux statuettes de Nymphes,
les bras surélevés, soutenant des cornes feuillagées formant flambeaux. — Haut., 36 cent.

209 — Marbre blanc. Statuette d'enfant nu, la bouche ouverte, la main droite levée, tenant de la gauche une draperie qui retombe entre les jambes. Il est assis sur un coussin de marbre bleu turquin à glands de bronze doré, posé sur un socle à scotie en marbre rouge veiné de blanc. Travail italien. — Haut., 54 cent.

210-211 — Marbre blanc. Deux groupes formant pendants et composés chacun de deux gracieuses figures d'enfants ; dans l'un, ils se disputent un nid ; dans l'autre, une colombe. Ces groupes sont élevés sur des socles ovales en marbre bleu turquin décorés de postes en bronze doré, dans le style Louis XVI. — Hauteur, socles compris, 37 cent.

212 — Marbre. La Vénus Callipyge. Statuette. — Haut., 60 cent.

213 — Marbre. La Vénus au dauphin. Statuette. — Haut., 60 cent.

214 — Serpentine. Mercure d'après Jean Bologne, statuette élevée sur un fût cylindrique. — Hauteur totale, 1 m. 70 cent.

215 — MARBRE TENDRE. Figurine d'enfant nu, souf-
flant dans une conque et couché sur une plinthe
de marbre noir. Travail italien.—Longueur de la
plinthe, 22 cent.

216-217 — Deux rafraîchissoirs en marbre vert et
jaune antique en forme de baignoires. — Haut.,
42 cent.; long., 54 cent.

218 — MARBRE BLEU TURQUIN. Deux colonnes enveloppées de feuillages sculptés et dépolis avec
corniche et embase polies. — Haut., 1 m. 12 cent.

219 — Deux colonnes en marbre brèche violacé sur
base en bois noir et avec chapiteaux en bois
doré. — Haut., 1 m. 40 cent.

SCULPTURES DIVERSES

220 — PIERRE. Grande et belle cheminée en pierre
sculptée provenant de Saint-Mihiel et attribuée à
Ligier Richier (1500-1567). Les montants sont
ornés de deux figures debout et se faisant pendants ; à gauche, Minerve casquée et drapée à

l'antique portant une branche de laurier; à droite,
Mercure coiffé d'un pétase entouré d'une couronne
fleurdelisée, tenant en main un caducée terminé
par une fleur de lis. Il est vêtu d'une cuirasse à
l'antique et chaussé de brodequins décorés de
mufles de lions. Au-dessus de ces montants
s'étend un entablement formant manteau, orné à
ses deux extrémités de bas-reliefs d'une grande
finesse d'exécution. Le Triomphe d'Amphitrite,
à gauche; Orphée charmant les animaux, à droite.
La partie centrale est occupée par un élégant
cartouche dans lequel on a encastré une plaque
de marbre portant l'inscription : *Michel Ligier
Richier, Saint-Mihiel 1531*. Deux petits enfants
nus, portant des cornes d'abondance, accostent
ce cartouche. Enfin, au-dessus de cet entablement est placé un grand bas-relief rectangulaire
représentant Apollon sur le Parnasse, présidant
à un concert des Muses. A gauche, au second
plan, on distingue des personnages laurés, sans
doute des musiciens ou des poètes. Le couronnement est formé par un trophée d'armes accompagné de deux figures d'enfants nus appuyés sur
des coussins ; l'un tient un livre fermé ; l'autre,
une banderole. — Haut., 3 m. 85 cent.; larg.,
2 m. 39 cent.

221 — Buis. Vénus et l'Amour. Debout, près d'un tronc d'arbre, Vénus est vêtue d'une simple draperie qui passe sur le haut de ses jambes et vient se draper sur son bras gauche ramené vers sa poitrine. Les cheveux ondés et noués sur le sommet de sa tête, elle regarde l'Amour debout près d'elle et le caresse de la main gauche. Groupe en buis. Travail flamand. Fin du xvie siècle. — Haut., 32 cent.

222 — Buis. Bacchus et un jeune satyre. Bacchus debout, nu et couronné de pampres, le corps portant sur la jambe droite, s'appuie de la main droite sur un tronc d'arbre et du bras gauche porte à sa bouche une grappe de raisin. Un jeune satyre, debout derrière lui, cherche à lui prendre les grappes de raisin qui ornent sa ceinture de pampres. — Haut., 31 cent.

223 — Noyer. Panneau rectangulaire. Un cavalier monté sur un cheval au galop dirigé vers la droite, vêtu moitié à l'antique, moitié à la mode du xvie siècle, porte sur son épaule un étendard et dans la main droite une épée nue; il foule sous les pieds de son cheval deux rois étendus à terre. Fond de paysage avec fabriques. Travail

italien. xvie siècle. — Haut., 54 cent.; larg.,
51 cent.

224 — Noyer. Panneau rectangulaire. Un cavalier
vêtu à l'antique, portant un étendard sur lequel
est figuré un ours, foule aux pieds un roi étendu
à terre. Fond de paysage avec fabriques. Travail italien. xvie siècle. — Haut., 54 cent.;
larg., 51 cent.

225 — Noyer. Panneau rectangulaire. César à cheval, lauré, portant un étendard chargé d'un aigle,
foule aux pieds des vaincus. Fond de paysage
avec fabriques. Travail italien. xvie siècle. —
Haut., 54 cent.; larg., 51 cent.

226 — Noyer. Panneau rectangulaire. Un cavalier
vêtu à la romaine, tenant en main un étendard
chargé d'un lion, foule aux pieds un roi vaincu.
Travail italien. xvie siècle. — Haut., 54 cent.,
larg., 51 cent.

227 — Noyer. Deux panneaux de forme rectangulaire allongée, décorés chacun d'une figure
d'homme et d'une figure de femme à mi-corps,
environnés de grands rinceaux. xvie siècle. —
Haut., 20 cent.; larg., 32 cent.

228 — **Buis sculpté.** Figurine d'enfant nu, marchant, un bras surélevé, la tête légèrement inclinée en arrière, attribuée à *François Flamand*, Socle en bois noir. — Haut. de la statuette, 12 cent.

175

229 — **Buis sculpté.** La Vierge portant l'Enfant Jésus; groupe du xviie siècle — Haut., 16 cent.

50

230 — **Bois sculpté.** Deux flambeaux à tiges tournées, douilles et pieds sculptés à fleurettes et rinceaux. Travail lorrain du xviie siècle, attribué à Bagard. — Haut., 16 cent.

90

231 — **Bois.** Haut-relief : Saint Georges à cheval terrassant le dragon. Allemagne. xvie siècle. — Haut., 15 cent.; larg., 11 cent.

1700

232 — **Bois.** Quatre bustes en bois sculpté, allégories des saisons. xviiie siècle. — Haut., 66 cent.

500

233 — **Os.** Grand triptyque en os sculpté, muni d'une monture en bois, décorée de marqueterie *alla certosina*. Partie médiane : Jésus devant Pilate, la Flagellation, le Baiser de Judas, le Portement de croix, la Crucifixion. Chacun des volets,

1200

comme la partie centrale, comporte trois registres superposés, séparés par des bordures en marqueterie. Volet de gauche : l'Annonciation, la Nativité, le Baptême du Christ. Volet de droite : le Christ au jardin des Oliviers, le Baiser de Judas, le *Noli me tangere*. Travail italien de la fin du xIVe siècle. — Haut., 63 cent.; larg., 62 cent.

234 — IVOIRE. Calvaire en ébène incrusté de lapis-lazuli et d'agate, surmonté de trois croix sur lesquelles sont fixées trois figures d'ivoire en ronde bosse : le Christ et les deux larrons. Travail italien de la fin du xvIe siècle. — Haut., 64 cent.; larg., 43 cent.

235 — IVOIRE. Figurine d'enfant assis, les mains élevées, posée sur un rocher, en bois sculpté. Travail flamand. xvIIe siècle. — Haut., 12 cent.

236 — IVOIRE. Figurine d'enfant nu, debout, les mains levées dans un geste de soutien. Travail flamand. xvIIe siècle. — Haut., 15 cent.

237 — IVOIRE. Figurine d'enfant, nu, debout, les mains élevées, un pied sur la racine d'un arbre. Flandre. xvIIe siècle. — Haut., 14 cent.

238 — Ivoire. Deux figurines : Enfants debout, attribuées à *François Flamand*. — Haut., 15 cent.

239 — Ivoire. Groupe de deux enfants nus, l'un assis le casque en tête ; l'autre debout, appuyé sur son compagnon et soutenant une corne d'abondance. Style de l'école de Fontainebleau. Piédestal en bois noir. — Hauteur du groupe, 23 cent.

240 — Ivoire. Figurine de femme nue, dansant les bras surélevés, tenant une couronne. Embase d'agate avec pourtour en argent enrichi de pierres cabochons. xviiᵉ siècle. — Haut., 25 cent.

241 — Ivoire. Petit buste de Voltaire sur piédouche, en spath fluor, cerclé d'un tore de lauriers en bronze doré. Piédestal quadrangulaire en marbre d'Italie. — Hauteur totale, 26 cent.

242 — Ivoire. Statuette d'enfant nu, debout et portant une sphère ; travail du xviiᵉ siècle attribué à *François Flamand ;* cette figurine a été placée sur un piédestal carré de bois noir, décoré sur chacune de ses faces d'une plaquette de bronze : enfants caractérisant les sciences et les arts. — Hauteur totale, 32 cent.

243 — IVOIRE. Vase en ivoire offrant en bas-relief une scène de chasse ; monture en vermeil. — Haut., 38 cent.

244 — TERRE CUITE. Bas-relief de forme rectangulaire, par *Clodion*, signé en bas et à droite et représentant une danse de bacchantes se tenant par les mains. Une teinte rouge a été passée sur le fond de ce bas-relief, qui est placé dans un beau cadre Louis XVI en bois sculpté et doré à perles, oves et acanthes, enrichi de guirlandes et de retombées de roses et surmonté d'une corbeille de fleurs et des emblèmes de l'amour. — Hauteur du bas-relief, 42 cent.; larg., 79 cent.

245 — TERRE CUITE. Bas-relief attribué à *Clodion* (signé) et représentant une famille de satyres, le père, la mère et trois enfants. Large cadre doré à enroulements, partie en bois sculpté et partie en fer estampé. — Haut., 70 cent.; larg., 1 m. 25 cent.

246 — TERRE CUITE. L'Amour couché et endormi, statuette sur socle en bois doré. XVIIe siècle. — Long., 55 cent.

247 — TERRE CUITE. Le Berger Pâris, statuette d'après Falconet. — Haut., 80 cent.

248 — TERRE CUITE. Enfant couché, statuette attribuée au XVIIIe siècle. — Haut., 43 cent.; larg., 23 cent.

249 — TERRE CUITE. Enfants torchères. Deux groupes de deux figures formant porte-lumières attribués au XVIIIe siècle. — Haut., 29 cent.

250 — TERRE CUITE. Enfants se disputant un nid et enfants caressant des colombes. Deux groupes inspirés du XVIIIe siècle. — Haut., 35 cent.; larg., 30 cent.

251 — TERRE CUITE. Enfants porte-lumières. Deux statuettes d'après Clodion. — Haut., 63 cent.

BRONZES D'ART

252 — BRONZE ANTIQUE. Statuette de Vénus, debout, diadémée, une jambe infléchie, la pomme dans la main droite. — Hauteur sans le socle, 13 cent.

253 — Encrier à huit pans, décoré à ses angles de pilastres ornés de vases de fleurs, et sur quatre faces de petits bas-reliefs représentant un faune flûteur, un bacchant et deux bacchantes. Bronze à patine brune. École de Padoue, xve siècle. — Haut., 65 millim.

254 — Brûle-parfums. Il affecte la forme d'un vase sphérique s'ouvrant suivant son équateur, reposant sur un pied circulaire orné de larges feuilles. Le vase est décoré de masques de satyres, de masques de Gorgone et de festons. Sur son couvercle est assis un satyre de haut-relief tenant de la main gauche une corne d'abondance. Bronze à patine noire. École de Padoue. Commencement du xvie siècle. Haut., 30 cent.

255 — Brûle-parfums. Pendant du précédent. Le satyre tient la corne d'abondance dans la main droite. Bronze à patine noire. École de Padoue, Commencement du xvie siècle. — Haut., 29 cent.

256 — Satyre portant une lampe. Il est agenouillé et tourné vers la gauche. De la main gauche, il supporte une lampe hémisphérique. Draperie moderne et pouvant s'enlever. Socle triangulaire.

Bronze à patine noire. École de Padoue. Commencement du xvi siècle. — Haut., 21 cent.

257 — Buste de l'Empereur Antonin le Pieux. Il porte la barbe courte et ses cheveux frisés sont ceints d'une couronne de laurier. Les yeux sont incrustés d'argent. Une draperie est agrafée sur son épaule droite. Socle circulaire en marbre vert. La draperie et la couronne de laurier sont dorées. Belle fonte italienne du xvi siècle, d'une grande finesse d'exécution. — Haut., 75 cent.

258 — Buste d'un personnage âgé. Le front très découvert et les cheveux courts, il porte une moustache courte; la barbe qui orne son menton est également fort courte. Il est vêtu d'une tunique et d'un manteau agrafé à l'antique sur l'épaule droite. Ce manteau porte des traces de dorure. Socle en marbre vert. Très belle fonte italienne du xvi siècle. — Haut., 65 cent.

259 — Très belle paire de chenets surmontés de deux figures de femmes en ronde bosse. L'une, casquée, chaussée de brodequins, une peau de lion nouée sur la poitrine, une épée dans la main droite, un bouclier au bras gauche, symbolise la

Guerre ; l'autre symbolise la Paix ; elle porte une corne d'abondance et met le feu à un trophée d'armes. La base de ces chenets est composée de figures de dauphins encadrant un masque de chérubin et des festons. Au-dessus du masque de chérubin se trouve un écusson, puis un balustre accompagné de figures d'enfants sonnant de la trompette. Sur le balustre on voit un écusson chargé d'un arbre autour duquel s'enroule un serpent. Travail vénitien. Seconde moitié du xvi⁰ siècle. — Haut., 1 m. 6 cent.

260 — Le Dieu Mars. Debout et complètement nu, barbu, la jambe gauche en avant, il lève le bras gauche dont il tenait une lance sur laquelle il s'appuyait. Fonte très légère, bronze à patine brune. Socle en bois noir, orné d'incrustations de cuivre et de médaillons d'écaille. — Haut., 265 millim.

261 — Vénus sortant du bain. Debout et nue, la jambe gauche levée et posée sur un socle, elle s'essuie la poitrine avec une draperie qui retombe le long de ses jambes. Charmant bronze à patine rougeâtre, attribué à Jean Bologne. Florence, xv⁰ siècle. — Haut., 26 cent.

262 — **Hercule.** Debout et complètement nu, la jambe droite portée en avant, il tourne la tête vers la droite ; de la main gauche il semble donner un ordre, tandis que de la droite il tient un masque. Socle rectangulaire de style Louis XIV, incrusté de cuivre et d'écaille, muni d'encoignures en bronze doré. Bronze à patine rougeâtre, attribué à Jean Bologne. Florence. Fin du XVIe siècle. — Haut., 38 cent.

263 — **Vénus.** Debout et nue, le corps portant sur la jambe droite, elle lève le bras gauche et abaisse le droit pour maintenir une draperie au-dessus de sa tête. Cette draperie a en partie disparu. Socle rectangulaire de style Louis XIV, incrusté de cuivre et d'écaille, muni d'encoignures en bronze doré. Bronze à patine rougeâtre, attribué à Jean Bologne. Florence. Fin du XVIe siècle. — Haut., 46 cent.

264 — **Un Triton.** Son corps est terminé par deux queues de poissons. A cheval sur une tortue, il souffle de toutes ses forces dans une conque marine. Bronze doré. Socle en bronze doré, orné de moulures, et contre-socle en marbre et en porphyre, à huit pans. Travail italien. Fin du XVIe siècle. — Hauteur du bronze, 14 cent.

265 — Buste de l'Empereur Otton. Imberbe , les cheveux courts et frisés, il tourne le visage vers la droite. Il est vêtu d'une tunique et d'un manteau agrafé sur l'épaule droite. Socle en bronze portant le nom de l'empereur. Bronze à patine brune. Travail italien. xvi⁰ siècle.— Haut., 27 cent.

266 — Buste de l'Empereur Tibère. Les cheveux courts, imberbe, il tourne le visage vers la gauche. Il est vêtu d'une tunique et d'un manteau agrafé sur l'épaule droite. Socle en bronze portant le nom de l'empereur. Bronze à patine brune. Travail italien. xvi⁰ siècle. — Haut., 27 cent.

267 — Portrait d'un jeune enfant. Il est représenté de face, assis, complètement nu, la tête légèrement tournée vers la gauche et penchée en avant, les bras ramenés vers la poitrine. Joli bronze à patine brune. Travail italien. xvi⁰ siècle. Socle en porphyre. — Haut., 22 cent.

268 — Le Dieu Mars. Il est représenté debout et nu, le corps portant sur la jambe droite. La tête tournée vers la gauche et coiffée d'un casque, il s'appuyait de la main droite sur une lance. Bronze à patine noire. Socle rectangulaire en

bois noir, muni de pieds en bronze, décorés de feuillages. Travail italien. xvɪᵉ siècle. — Haut., 29 cent.

269 — Une négresse. Elle est représentée debout, complètement nue. Le corps pose sur la jambe gauche ; de la main droite, relevée, elle tient un rouleau ; de la gauche, abaissée, une draperie. Une draperie est nouée autour de sa tête. Bronze à patine noire. Socle rectangulaire en bois noir, muni de pieds en bronze décorés de feuillages. Travail italien. xvɪᵉ siècle. — Hauteur de la statuette, 30 cent.

330

270 — La Pieta. La Vierge assise et vêtue de long, voilée, soutient sur ses genoux le Christ mort. Groupe en bronze d'une très grande finesse, patine brune. Travail florentin, xvɪᵉ siècle. — Haut., 160 millim.

2200
Roux

271 — Portrait équestre de Cosme II de Médicis, grand-duc de Toscane (né en 1590 + en 1621). Le prince est représenté à cheval, la tête nue, les cheveux courts, imberbe. Une fraise entoure son cou et sa poitrine est recouverte d'une cuirasse munie de cuissards qui cachent en partie ses

9000

culottes bouffantes. A son côté pend une longue épée, et des éperons sont fixés à ses bottes. La selle est d'étoffe brodée et le cheval marche au pas, la tête légèrement tournée vers la droite. Bronze entièrement doré. Socle rectangulaire en jaspe rouge décoré de moulures en bronze doré. — Hauteur de la statue, 61 cent. ; hauteur du socle, 36 cent.; longueur du socle, 485 millim.

L'attribution de ce portrait équestre, au point de vue du personnage représenté, est suffisamment établie par la comparaison avec la médaille exécutée en 1611 par Guillaume Dupré ; mais il n'en est pas de même au point de vue de l'attribution possible à un sculpteur : on peut hésiter entre Pietro Tacca qui termina la statue de Philippe III d'Espagne, commencée par Jean Bologne, Francheville, qui travailla à la statue d'Henri IV, à Paris, et Dupré lui-même, qui fut aussi habile sculpteur que médailleur hors ligne. Toutefois, c'est à Pietro Tacca que semble devoir être le plus vraisemblablement attribué ce beau bronze.

272 — Cosme II de Médicis, grand-duc de Toscane. Buste à droite, tête nue, cuirassé, le cou entouré d'une large fraise. Légende : COSMVS . II . MAGN . DVX . ETRVRIAE . IIII. Sous l'épaule,

on lit : GDP 1611. Guillaume Dupré. 1611.
Médaillon en bronze, sans revers. — Diam.,
94 millim.

273 — Adonis. Debout et complètement nu, la tête
tournée vers la droite, de la main gauche,
appuyée sur la hanche, il tient une pomme ; de
la droite relevée, il s'appuyait sur un bâton.
Imitation allemande d'un bronze italien. XVIe siècle.
Laiton. Socle en marbre. — Haut., 25 cent.

274 — Vénus. Debout et complètement nue ; de la
main gauche, elle fait le geste de la Vénus pu-
dique, et, de la droite, tient un miroir circulaire
dans lequel elle se regarde. Ses cheveux sont
nattés et roulés, en forme de cône, sur le haut
de sa tête. Pendant du numéro précédent. Travail allemand. XVIe siècle. Laiton. Socle en
marbre. — Haut., 27 cent.

275 — Vénus, l'Amour et Adonis. La déesse nue et
tenant en main une pomme est assise sur un
rocher et passe son bras autour de la taille
d'Adonis debout près d'elle ; celui-ci porte une
tunique et des espèces de braies ; il est chaussé
de brodequins, un cor est pendu à sa ceinture.

En arrière, on aperçoit l'Amour jouant avec un chien. Aux pieds de Vénus, un sanglier mort. Bronze à patine brune. Travail italien. XVIIe siècle. Socle en marbre. — Hauteur du groupe, 15 cent.

276 — Buste de jeune enfant. La tête légèrement penchée vers la gauche, ses cheveux sont frisés. Une peau de bête est drapée sur son épaule droite. Bronze à patine brune. Italie. XVIIe siècle. Socle en marbre. — Haut., 13 cent.

277 — Un guerrier. Debout et nu, imberbe, dans l'attitude de la marche ; de la main droite il tient une épée dont il tient le fourreau de la gauche. Bronze à patine brune. Italie. Commencement du XVIIe siècle. — Haut., 21 cent.

278 — Bacchus. Le dieu est représenté debout, une peau de bouc nouée sur l'épaule gauche. Couronné de pampres, il relève le bras droit au-dessus de sa tête et, de la main droite, tend une grappe de raisin à un tigre accroupi près de lui. Bronze à patine rougeâtre. Italie. XVIIe siècle. Socle en marbre. — Haut., 225 millim.

279 — Jeune enfant servant de porte-lumière. Debout

sur des nuages, la jambe gauche relevée, il soutient
de ses deux mains une sorte de carquois destiné
à soutenir un flambeau. xviiie siècle. Socle en
marbre. — Haut., 20 cent.

280 — L'Amour. Debout et nu, le corps portant sur
la jambe droite, un carquois pend sur ses épaules.
Socle en marbre vert décoré de bronze doré.
Italie. xviie siècle.— Haut. du bronze, 72 millim

90

281 — L'Amour. Debout sur un rocher et courant,
il se retourne pour décocher une flèche. Bronze
à patine brune. Italie. xviie siècle. — Haut.,
12 cent.

50

282 — Anges (deux statuettes d') se faisant pendants.
Ils sont représentés sous les traits de jeunes gens,
imberbes, les cheveux longs, debout, nus ; des
ailes cachent le bas du buste et les cuisses. L'un
étend les mains, l'autre ramène sa main droite
vers sa poitrine et lève les yeux au ciel. Bronze
doré. Travail très fin du xviie siècle italien. —
Haut., 285 millim.

125

283 — Un cheval. Il est représenté cabré, sans selle

150

ni bride, dressé sur ses pieds de derrière. Bronze doré. Travail italien. xvii⁰ siècle. — Haut., 23 cent.

284 — **Hercule et le taureau de Crète.** Vêtu de la peau du lion de Némée, Hercule vient de saisir le taureau par les cornes et le fait tomber sur ses genoux. Groupe de bronze à patine brune. Socle en bois doré.— Haut., 57 cent. ; largeur, 64 cent.

285 — **Hercule et le centaure.** Hercule vient d'atteindre le centaure et, à cheval sur lui, lui fait plier les genoux ; de la main gauche il lui renverse la tête et de la droite brandit sa massue. Groupe de bronze à patine brune. Socle en bois doré. — Haut., 72 cent. ; largeur, 60 cent.

286 — Statuette en bronze : *Andromède attachée au rocher ;* patine brune. Style Louis XIV.— Haut., 62 cent.

287 — Statuette équestre en bronze de Louis XIV, patine verte et frottée ; sur socle en marqueterie de Boule. — Hauteur totale, 58 cent.

288 — Statuette en bronze : *l'Enfant à l'oiseau,* d'après Pigalle ; sur socle en marbre bleu turquin. — Haut., 30 cent.

289 — Deux statuettes, bronze doré; hommes nus, le bas du corps recouvert d'ailes ; époque Louis XIV ; sur socles en bois noir. — Haut., 40 cent.

290 — Statuette en bronze : *l'Enfant à la cage*, d'après PIGALLE ; sur socle en bronze doré. Style Louis XVI. — Haut., 25 cent.

291 — Petit satyre, couronné de lierre, courant et tenant un thyrse. Bronze à patine noire. Socle en marbre blanc monté en bronze doré. Travail français. Époque Louis XVI. — Haut., 19 cent.

ORFÉVRERIE

292 — Vidrecome couvert et à anse, de forme conique, en argent fondu, ciselé et doré; le pourtour présente des figures allégoriques à l'abondance soutenant des fruits et alternant avec des mascarons et des motifs d'entrelacs. Sur le couvercle, une armoirie, rapportée et sertie, est encadrée de chérubins et d'ornements. XVIe siècle. — Haut., 15 cent.

400

293 — Vidrecome de même forme que le précédent en offrant au pourtour des motifs à mascarons, fleurons, rinceaux et fruits. L'ombilic du couvercle est gravé d'armoiries d'alliance et porte les initiales G . D . F . R . xvɪᵉ siècle. — Haut., 15 cent.

420
Goldschmidt
(Laff.)

294 — Vidrecome couvert et à pied en argent repoussé et doré, à bossettes hémisphériques et décor de rinceaux et de cuirs encadrant des tiges fleuries ; le balustre du pied est accoté de trois ailerons et le couvercle surmonté d'un petit vase à fleurs en relief. Fin du xvɪᵉ siècle. — Haut., 37 cent.

265

295 — Vidrecome analogue au précédent et de même travail. — Haut., 31 cent.

100

296 — Sucrier rond à couvercle, en argent repoussé à godrons ; il a deux petites anses feuilles se rejoignant en volutes et porte sur quatre pieds de biche. — Haut., 14 cent.

560

297 — Cafetière piriforme en argent repoussé à cannelures en spirale ; sur le bec, un cartel de rocailles en relief porte une couronne timbrée d'un griffon, entre deux branches de laurier. Époque Louis XV. — Haut., 20 cent.

298 — Coupe en argent repoussé et ciselé, à bords contournés, élevée sur trois pieds griffons. Le fond à ombilic montre un buste de Minerve en bas-relief; le pourtour, des guirlandes de fruits appendues à des rubans. xviiie siècle. — Diam., 23 cent; haut., 7 cent.

260

299 — Petite cafetière piriforme, unie, avec couvercle à scotie et bouton; sur la panse est gravée une couronne timbrée d'un griffon issant. xviiie siècle. — Haut., 13 cent.

70

300 — Vidrecome à pied et à couvercle, en argent repoussé, ciselé, et partiellement doré; d'une élégante ornementation composée de godrons, de masques chimériques, de cartouches et d'arabesques, en relief et en creux. Le couvercle est surmonté d'une figurine de guerrier antique. Allemagne. xvie siècle. — Haut., 35 cent.

980
Froeschel

301 — Petit vidrecome couvert et à anse figurée par une cariatide, en argent repoussé, gravé et doré; il est à six pans encadrés de bossettes feuillagées en relief et représentant chacun, en gravures très fines, des figures allégoriques : la Justice, la Foi, la Patience, l'Espérance, la Charité, le Courage.

480
Aucoc

Orfèvrerie allemande de la fin du xvi⁰ siècle. — Haut., 15 cent.

302 — Petit vidrecome analogue au précédent ; les faces décorées de feuillages gravés au pointillé, les bossages chargés de fruits et de rinceaux au repoussé. Allemagne. Fin du xvi⁰ siècle.—Haut., 12 cent.

303 — Vidrecome couvert et à pied en argent repoussé et doré à bossettes et godrons ; la tige du pied est ornée à sa partie supérieure d'ailerons et de rinceaux découpés, simulant un chapiteau. — Haut., 29 cent.

304 — Coupe en argent repoussé et doré d'après Benvenuto Cellini, offrant à l'intérieur, en bas-relief, une allégorie aux beaux-arts ; le pied a des têtes de béliers et des masques chimériques en relief, alternant avec des médaillons à figures mythologiques.— Haut., 15 cent.; diam., 18 cent.

305 — Grand vidrecome couvert et à pied en argent repoussé et doré, sujets de chasse, cartouches contenant des amours, bandes à chérubins et fruits. Le balustre accoté de trois chimères est

orné, bas et haut, de tortillons rapportés ; une
figurine d'amour surmonte le couvercle. Orfèvrerie allemande. — Haut., 43 cent.

306 — Fontaine à liqueur, en forme de nef à voile,
aux armes de l'Empire allemand ; à l'arrière,
une figurine de femme tient un étendard ; cette
nef est élevée sur un pied cylindrique, enguirlandé et parsemé de roseaux où s'adaptent cinq
verres à liqueurs, ayant la forme de verres à
vin du Rhin. Orfèvrerie allemande moderne. —
Haut., 40 cent.

307 — Aiguière et son plateau en argent repoussé et
doré partiellement, à décor de figures et d'ornements dans le style de la Renaissance. Orfèvrerie
allemande moderne. — Hauteur de l'aiguière,
29 cent. ; hauteur du bassin, 43 cent.

308 — Deux chandeliers en argent à tiges fuselées,
enveloppées d'acanthes en relief et portant sur
une base triangulaire à cariatides chimériques,
volutes et guirlandes. Style italien du XVIᵉ siècle.
— Haut., 36 cent.

309 — Deux flambeaux de forme gracieuse et d'un

modèle élégant, consistant en rinceaux et feuilles mouvementés, baguettes en faisceaux et rubans entrecroisés. Époque Louis XV.— Haut., 29 cent.

310 — Deux flambeaux analogues aux précédents mais un peu plus petits. Époque Louis XV. — Haut., 26 cent.

311 à 313 — Six pièces : deux candélabres et quatre flambeaux en argent ciselé et partiellement doré, d'un beau modèle Louis XVI, qui consiste en un carquois rempli de flèches et supporté par un trépied enguirlandé de roses, lequel porte sur un socle circulaire à gorge, bordé de cordons de perles. Les candélabres sont à trois branches contournées et feuillagées avec, au centre, une quatrième lumière. — Hauteur des candélabres, 52 cent. ; hauteur des flambeaux, 32 cent.

314 — Trois pièces : bouilloire sur support à réchaud, théière et cafetière, piriformes, à côtes obliques, feuillages et cartouches repoussés. Époque Louis XV.— Haut., 29, 26 et 20 cent.

315 — Petit hanap en argent repoussé et gravé, à masque chimérique sous le déversoir et à guir-

lande de fruits retombant sur le corps du vase,
dont le culot et le pied sont godronnés. xvii^e
siècle. — Haut., 18 cent.

MATIÈRES PRÉCIEUSES, MOSAIQUES

316 — Retable en ébène, orné d'incrustations en
pierres dures de différentes couleurs et de figurines d'anges en argent fondu et ciselé. Au
centre de ce monument flanqué de deux colonnes
à chapiteaux corinthiens, surmonté d'un fronton
interrompu, est enchâssée une miniature sous
verre représentant l'Assomption de la Vierge.
Travail florentin du xviie siècle. — Haut.,
67 cent : larg., 48 cent.

317 — Tableau rectangulaire encadré d'ébène formé
de pierres dures de différentes couleurs, incrustées ou enchâssées dans une monture de cuivre
doré. Au centre est un médaillon ovale, composé
d'une plaque d'agate sur laquelle est peinte l'Adoration des bergers. Travail florentin du xvii^e
siècle. — Haut., 265 millim.; larg., 285 millim.

318 — Cristal de roche. Coupe ovale et couverte,.

décorée de festons en creux et garnie d'une monture en argent doré, enrichie de petites pierres de couleurs; les anses sont formées de rinceaux et de cariatides; le pied, d'un arbre à fruit, autour duquel s'enroule un serpent. — Haut., 16 cent.

319 — AGATE JASPÉE. Coupe semi-ovoïde sur un pied balustre enrichi d'une bague et d'une base en or champlevé et émailé, du ·vie siècle; l'anse et les grappes de fruits emaillées au bord de la coupe sont d'un travail postérieur. Cette pièce porte sur un piédestal circulaire en lapis-lazuli, incrusté de deux boucles en mosaïque de *Neubert*, de Dresde. — Haut., 20 cent.; grand diamètre, 14 cent.

320 — CRISTAL DE ROCHE. Deux burettes enrichies de montures en argent doé, style Renaissance, montées sur socles à moulures en lapis. — Haut., 16 cent.

321 — CRISTAL DE ROCHE. Statuette d'Atlas agenouillé, en bronze doré, portant sur les épaules une boule en cristal de roche; socle carré à

moulures sur quatre boules aussi en cristal de
roche et piédestal en albâtre d'Orient. — Haut.,
26 cent.

322 — CRISTAL DE ROCHE. Paire de flambeaux, monture en argent doré et émaillé. Style Louis XIII.
— Haut., 16 cent.

190

323 — CRISTAL DE ROCHE. Coupe à pied, en cristal
de roche gravé en creux avec monture en argent
gravé et doré, enrichie de perles et de petits cabochons en pierres de couleurs. Style de la Renaissance. — Haut., 14 cent.; grand axe, 18 cent.

770

324 — CRISTAL DE ROCHE. Coupe en forme de nef en
cristal de roche, décorée de gravures en creux à
rinceaux feuillagés, guirlandes de fruits, colima-
çon, xvie siècle. Elle est enrichie d'appliques en
filigrane d'or; une des extrémités est munie d'une
poignée recourbée à tête de dragon en argent
doré, rapportée au commencement du xixe siècle.
— Haut., 14 cent.; grand axe, 17 cent.

1410

325 — CALCÉDOINE. Deux petits bustes d'empereurs
romains laurés, élevés sur socles à moulures en

505

argent gravé et doré. Plinthes en lapis. — Haut.,
13 cent.

326 — AGATE GRISE. Coupe oblongue et quadrilobée,
montée sur un pied en cuivre découpé à jour et
doré, à dauphins. — Grand axe de la coupe,
17 cent.; hauteur, pied compris, 14 cent.

327 — AGATE JASPÉE. Coupe oblongue, quadrilobée
et munie aux extrémités d'anses contournées et
se terminant en volutes, prises dans la masse.
Chacun des lobes offre extérieurement une coquille sculptée en bas-relief. Cette pièce est
montée sur un pied à quatre consoles, guirlandes
et plinthe lobée, en bronze ciselé et doré. —
Grand axe de la coupe, 24 cent.; hauteur, monture comprise, 16 cent.

328 — LAPIS-LAZULI. Coupe en forme de coquille
avec monture à une anse, tige balustre et base
lobée en argent gravé et doré à motifs de fruits
et masque chimérique en haut-relief émaillés.
Style de la Renaissance. — Haut., 19 cent.
Grand axe, 16 cent.

329 — Pendule en forme de temple circulaire à
330

double cadran, tournant sous la coupole, en lapis-lazuli avec moulures, chapiteaux, embases guirlandes en bronze ciselé et doré. Des postes fleuries courent sur le soubassement. Une graine d'amortissement surmonte la coupole. Style Louis XVI. — Haut., 52 cent.

330 — Deux flambeaux en forme de colonnes d'ordre ionique, en lapis-lazuli, avec chapiteaux, embases et socles de bronze doré dans le style Louis XVI. — Haut., 28 cent.

331 — Petit obélisque sur trois pieds chimériques en argent repercé à jour, de la Renaissance; il est monté sur un fût de colonne en lapis-lazuli. — Haut., 23 cent.

332 — JASPE SANGUIN. Boîte de forme ovoïde en jaspe, enveloppée d'un revêtement en or découpé à rinceaux et oiseaux, de style rocaille. Sur la ceinture en or émaillée vert, on lit : *Dieu vous garde.* — Haut., 5 cent.

333 — PIERRE DES AMAZONES. Vase en forme d'amphore allongée, avec anses, culot et pied en bronze doré. — Haut., 24 cent.

50

334 — SPATH FLUOR. Piédestal quadrilatéral avec corniche et soubassement en bronze ciselé et doré. — Haut., 8 cent.; larg., 8 cent.

315

335 — Coupe montée sur socle avec base en malachite, posant sur un contre-socle en bois noir garni de bronze. — Coupe. Haut., 65 cent. Vase. Haut., 5o cent. Hauteur totale, 1 m. 43 cent.

cassee

100

336 — Tableau en mosaïque de Florence : oiseau et fruits dans un cadre de lapis-lazuli à moulures d'écaille et fronton en bronze doré. Italie. xviiie siècle. — Haut., 55 cent.; larg., 35 cent.

150

337 — Mosaïque. Tableau analogue au précédent; il représente deux villageois sous un hangar auprès d'une arcade en ruine. — Haut., 44 cent.; larg., 32 cent.

200

338 — Mosaïque. Deux tableaux exécutés en mosaïque de matières précieuses et représentant des paysages où l'on voit dans l'un, saint Jean-Baptiste et, dans l'autre, saint Jérôme. Ancien travail florentin. Cadres en bronze doré. — Haut., 22 cent.; larg., 37 cent.

150

33g — Mosaïque. Tableau en mosaïque de Florence

représentant, en des encadrements de lapis et de jaspe, les bustes en regard du Christ et de la Vierge sculptés en bas-relief. Cadre du XVIIe siècle, en bois sculpté et doré. — Haut., 21 cent.; larg., 26 cent.

340 — Mosaïque. Deux tableaux exécutés en mosaïque de jaspes, d'agates et d'autres matières rares et représentant des compositions architecturales animées de figures. Cadres à moulures en bronze doré. Travail florentin. — Haut.. 33 cent.; larg., 40 cent.   270

341 — Mosaïque. Deux tableaux en mosaïque de Florence analogues aux précédents. — Haut., 33 cent.; larg., 40 cent.   240

342 — Mosaïque. Tableau rectangulaire représentant une ville sise sur un rocher. Cadre en bois noir. — Haut., 20 cent.; larg., 38 cent.   80

OBJETS EN FER ET EN CUIVRE

343 — Très grand lustre à dix-huit lumières en fer forgé et doré, décoré de feuillages, de branches   1450

de roses et de lis, muni à sa partie supérieure
d'un bouquet de fleurs, sortant de grands rinceaux. Une grappe de raisin forme le culot du
lustre. Travail italien, xviie siècle. — Haut.,
1 m. 80 cent.

280   344 — Deux bras de lumières en fer forgé, doré et
peint, recourbés en forme de volutes et accompagnés de tulipes, de roses et de feuillages. —
xviie siècle. — Haut., 52 cent.

180   345 — Deux bras de lumières en fer forgé et doré,
décorés de larges feuillages et d'écussons. Travail italien. xviie siècle. — Haut., 56 cent.

265   346 — Deux bras de lumières en fer forgé, doré et
peint, munis chacun de trois bobèches disposées
en éventail. xviie siècle. — Haut., 43 cent.

610   347 — Lustre à vingt et une lumières en fer forgé et
rehaussé de dorures par parties, orné de fleurs,
fond de treillage à jour. xviie siècle. — Haut.,
1 m. 40 cent.

480   348 — Lanterne de vestibule, forme à pans en fer

découpé et doré, ornée de fleurs et de feuillages, et culot à écusson, verre gravé à personnages. Travail vénitien du xviiᵉ siècle. — Haut., 1 mètre.

349 — Lavabo en fer forgé et doré, muni d'un bassin en dinanderie au fond duquel sont représentés les deux Israélites rapportant une grappe de raisin de la Terre promise. Au-dessus est suspendue une fontaine sphérique également en dinanderie. Une sorte de girouette, représentant un cavalier en costume du xviiᵉ siècle, surmonte le lavabo.— Haut., 2 m. 5o.

350-351 — Deux lavabos formés d'un trépied en fer forgé, doré et peint, supportant une cuvette et une aiguière en laiton de forme orientale. — Haut., 1 mètre.

352 — Gaine en cuir noir estampé, renfermant un couteau pointu, une fourchette en fer à deux dents et un fusil. Les manches de la fourchette et du couteau sont en bois noir garni d'argent. Travail allemand. xviiᵉ siècle. — Long., 22 cent.

353 — Paire d'éperons en bronze argenté, munis de

molettes de fer en forme d'étoile. Ils sont garnis de leurs courroies. — Long., 185 millim.

280

354 — Pelle à feu et pincette en fer forgé terminée par des figures de femmes en gaine, en bronze. — Long., 98 cent.

115

355 — Paire de chenets en fer forgé, décorés de figures de dragons. — Haut., 61 cent.

420

356 — Aiguière en bronze doré de forme ovoïde; à anse surélevée, et à col figurant une tête de femme dont la coiffure sert de déversoir. Elle est couverte d'entrelacs, de fleurons et de rinceaux feuillagés finement gravés. L'anse se relie à l'orifice et à l'épaulement par des têtes chimériques ; le culot est godronné. Le piédouche a été rétabli. XVIIe siècle. — Haut., 38 cent.

250

357 — Aiguière ovoïde en cuivre gravé et doré, couverte d'entrelacs et d'arabesques de type persan. Travail vénitien du XVIe siècle. — Haut., 29 cent.

90

358 — Grand brasero de forme circulaire à bords contournés et moulurés, reposant sur trois pieds

en forme de griffes. Il est muni sur les côtés
de deux poignées retenues par des mascarons.
Cuivre battu. Travail italien. xviie siècle. —
Diam., 64 cent.

359 — Encrier avec accessoires, bougeoir et mou-
chettes en cuivre. xviie siècle. — Haut., 20 cent.

360 — Plateau en cuivre repoussé et doré, offrant
des médaillons à sujets allegoriques à la vie des
tritons, des sirènes et des dauphins, encadré
d'ornements raphaélesques. xvie siècle. A eté re-
doré. — Diam., 5o cent.

361 — Plat en cuivre repoussé et doré, décor à animaux courant sous des arceaux à fond d'arabesques avec cartouche au centre, à masques de
femmes, oiseaux et guirlandes. xvie siècle. —
Diam., 5i cent.

362 — Deux aiguières forme casque en cuivre doré,
xvie siècle. — Haut., 29 cent.

363 — Aiguière et bassin en cuivre avec anse à serpent. — Haut., 53 cent.

320

364 — Jardinière en cuivre à godrons, sur support
en fer forgé et doré. Travail vénitien. — Haut.,
1 mètre.

250

365 — Deux torchères de mosquée en cuivre repercé
et gravé, dessin à figures et ornements. Travail
persan. — Haut., 90 cent.

OBJETS VARIÉS

900

366 — Bénitier d'applique de forme hexagonale, en
bronze doré et émaillé, décoré d'incrustations de
corail rouge. Tout le pourtour du bénitier est
décoré de rinceaux à jour, émaillés de blanc, sur
lesquels sont rapportés des mascarons et des
fleurettes de corail. La coupe, au-dessus de laquelle est représentée la Sainte Famille, est décorée de même et le sujet central est accompagné
de treize médaillons sculptés à jour, en corail,
représentant des scènes du Nouveau Testement.
Revers en bronze doré et gravé de rinceaux.
Travail italien. XVIIe siècle. — Haut., 54 cent.;
larg., 41 cent.

300

367 — Calice en cuivre doré, à coupe en vermeil

repoussé, entièrement décoré d'appliques en corail rouge représentant des fleurs, des feuillages
et des masques de chérubins. Travail italien.
xviie siècle. — Haut., 30 cent.

368 — Crucifix en bronze doré, décoré d'incrustations en corail rouge et d'appliques en corail.
Sur la croix est fixé un Christ en haut-relief en
corail et des chérubins également de haut-relief,
garnissant les extrémités de la croix. Travail italien. xviie siècle. — Haut., 60 cent.

500

369 — Coupe ronde à piédouche en verre bleu de
Venise, à pourtour orné d'imbrications d'or,
ponctuées d'émaux vert et rouge. xvie siècle. —
Diam., 22 cent.

350

370 — Petit modèle d'un autel d'église, à retable
monumental entre deux colonnes corinthiennes
flanquées de rinceaux fleuris et surmontées d'un
dais, partie en cuivre doré et partie en argent,
enrichi de roses et de pierres cabochons de couleurs; le devant d'autel est formé d'une miniature sur vélin, *la Cène*. Une autre miniature, *la
Nativité*, sert de tableau d'autel. Les colonnes,
les pilastres et la marche sont en lapis-lazuli.

1200

Travail allemand du xviie siècle attribué à *Dinglinger*, de Dresde.—Haut., 16 cent.; larg.,9 cent.

371 — Écritoire composée d'un plateau ovale et de cinq pièces : encrier, poudrière, boîte, sonnette, flacon en écaille posée et piquée d'or à décor de figures et d'animaux. Travail napolitain. Signé : *Turris. F. Néap.* — Grand axe du plateau, 22 cent.

372 — Plaque rectangulaire émaillée. Le Martyre de saint Étienne. Le Saint, en costume de diacre nimbé et agenouillé, les mains jointes, est lapidé par deux personnages debout derrière lui ; l'un d'eux, vêtu d'un costume collant composé de bandes d'étoffe de différentes couleurs, porte des pierres dans une sorte de tablier noué autour de sa ceinture. Dans le ciel, à gauche, apparaît le Christ bénissant. Dessin très archaïque, en noir, obtenu par enlevage. Tons bleu lapis, violet, rouge, jaune, vert. Ciel bleu, semé de nuages d'or. Chairs de ton blanc violacé. Revers verdâtre. Les chausses de l'un des personnages sont semées d'A. Attribué à *Monvaerni*. Limoges. Fin du xve siècle. —Haut., 10 cent.; larg., 88 millim.

373 — Plaque rectangulaire émaillée. Les litanies de
la Vierge. Au milieu de la plaque est représentée,
dans une auréole, la Vierge debout et les mains
jointes. Sur son ventre est placé l'Enfant Jésus,
nu, également entouré d'une auréole ; plus haut,
on voit le Père Éternel au-dessus d'une banderole portant l'inscription : *Tota pulcra est amica
mea et macula non est in te.* A droite et à gauche
de la Vierge sont disposées les figures correspon-
dant aux litanies inscrites sur les banderoles :
*Electa ut sol. — Porta celi ; Sicut cedrus exal-
tata. — Plantatio rose. Floruit Jesse Virga. —
Puteus aquarum viventium. Ortus conclusus. —
Stella Maris ; pulcra ut luna ; Turris David. —
Sicut lilium inter Spinas. — Oliva preciosa ; Spe-
culum sine macula ; Fons hortorum ; Civitas Dei.*
— Grisaille colorée sur fond bleu ; fond d'email
blanc. *Pierre Reymond.* Limoges. XVIᵉ siècle. —
Haut., 22 cent. ; larg., 28 cent.

1400

374 — Deux aiguières en bronze, décorées de bandes
ou de médaillons émaillés de bleu lapis, bleu turquoise ou blanc. Travail persan. — Haut.,
39 cent.

260

375 — Bénitier italien, à cadre sculpté et doré, avec

45

peinture sur cuivre représentant le Baptême du Christ. — Haut., 36 cent. ; larg., 25 cent.

ÉMAUX CLOISONNÉS DE LA CHINE

376 — Grand brûle-parfums en ancien émail cloisonné de Chine. Il est à six pans et repose sur trois pieds en forme de têtes d'éléphants. Il se termine par un couvercle également à six pans auquel une pomme de bronze doré et ciselé, découpée à jour et ornée d'un dragon, sert d'amortissement. — Haut , 46 cent.; diam., 49 cent.

377 — Deux brûle-parfums en ancien émail cloisonné de la Chine, en forme de flambeaux, terminés par une cassolette sphérique aplatie que ferme une plaque de bronze repercée à jour. — Haut., 29 cent.

378 — Flambeaux (paire de) en ancien émail cloisonné de Chine. Ils sont à base rectangulaire, munis d'une tige en balustre et d'un plateau carré, d'où naît la tige supportant le luminaire. — Haut., 36 cent.

379 — Coupe à sacrifice en ancien émail cloisonné de Chine, fond bleu turquoise, dessin polychrome. — Haut., 12 cent.

TABLEAUX

GONZALÈS COQUES (Attribué à)

380 — *Une Famille hollandaise.*

Dans un parc et près du château sont groupés un seigneur hollandais, son épouse en toilette de soie bleue et blanche et leurs trois fillettes dont la dernière, assise sur une table, est soutenue par la nourrice.

Ce tableau, d'une exécution très soignée, d'après une note imprimée, collée au revers du cadre, proviendrait de l'ancienne collection du duc de Morny.

Toile. Haut., 72 cent ; larg., 85 cent.

ÉCOLE FRANÇAISE

65

381 — *Portrait de femme.*

Pastel ovale.

Haut., 55 cent.; larg., 45 cent

LEBRUN (École de)

80

382 — *Portrait d'un commandant d'armée.*

Représenté en buste, revêtu de l'armure.
Cadre à laurier.

Ovale. Haut., 62 cent.; larg., 52 cent.

MICHAU (Attribué à THÉOBALD)

255

383 — *Le Retour de la Kermesse.*

Toile marouflée. Haut., 41 cent.; larg., 5o cent.

405

384 — *La Danse villageoise.*

Pendant du précédent.

Haut., 41 cent.; larg , 5o cent.

MIGNARD (PIERRE)

385 — *Portrait de jeune fille.*

En Cérès, vue de face, couronnée d'épis et portant une gerbe émaillée de coquelicots et de
bleuets. Elle a une robe de soie violette décolletée
à manches courtes, laissant les bras nus, et des
garnitures de dentelle au corsage.

Cadre Louis XVI en bois sculpté, surmonté
d'une couronne entre deux guirlandes.

Toile ovale. Haut., 80 cent.; larg., 64 cent.

MIGNARD (PIERRE)

386 — *Portrait de jeune fille.*

A mi-corps, dans un parc, en robe de soie de
couleur changeante, les bras nus, elle tient une
guirlande de fleurs.

Toile ovale. Haut., 65 cent.; larg., 51 cent.

OSTADE ? (ISAAC)

387 — *Le Bac.*

Dans la traversée d'une rivière, le bac est encombré de voyageurs dont l'un est à cheval, et de paysans avec leurs bestiaux.

Bois. Haut., 25 cent.; larg., 3o cent.

(Collection de Varange.)

RIGAUD (d'après)

388 — *Portrait d'homme.*

A perruque; rabats de dentelles, manteau rouge doublé de brocart.
Cadre sculpté.

Toile ovale. Haut., 8o cent.; larg., 64 cent.

PORCELAINES DE SÈVRES

389 — Belle garniture de trois jardinières, forme dite *Éventail*, en ancienne porcelaine de Sèvres, pâte

tendre, décor gros bleu, guirlandes et encadrements à rehauts d'or et médaillons marines avec personnages; sur une face, médaillons à plantes et fleurs; fonds de paysages sur les trois autres faces. Les montants d'éventails ou entredeux de médaillons offrent des gerbes de fleurs; les socles ajourés présentent, également, des médaillons à fleurs et portent, avec la marque de Sèvres, le monogramme B. Décor, pour les marines, attribué à *Morin;* pour les fleurs, à *Boulanger.* — La jardinière du milieu. Haut., 20 cent. Les jardinières de côté. Haut., 18 cent.

390 — Vase en ancienne porcelaine de Sèvres, pâte tendre, décor à guirlandes de fleurs, fond gros bleu rehaussé d'or; socle en bronze. — Haut., 17 cent.

391 — Paire de vases en ancienne porcelaine de Sèvres, pâte tendre, décor à cartels d'oiseaux et volatiles dans des paysages, fond gros bleu, rehaussé d'or; monture bronze doré. — Haut., 17 cent.

392 — Assiette en ancienne porcelaine de Sèvres, décor à volatiles et fleurs. Bords gaufrés. — Diam., 25 cent.

393 — Deux plateaux ovales et contournés en porcelaine tendre, de décors variés, à guirlandes et
médaillons avec, au centre, le chiffre D · B ·
(Dubarry.) — Grand axe, 21 cent.

394 — Pot à crème en porcelaine tendre, à bandes
de festons de roses et chiffre D B (Dubarry),
tracé en fleurs et feuillages. — Haut., 12 cent.

395 — Tasse droite et sa soucoupe, en porcelaine
de Locré à semé de trèfles vert et or, filet bleu
et festons d'or. — Haut., 6 cent.

396 — Tête-à-tête en ancienne porcelaine de Sèvres,
pâte tendre, fond bleu de roi avec médaillons
d'oiseaux et des encadrements d'or ; une théière,
un sucrier couvert, un pot à crème et deux tasses
avec soucoupes. — Hauteur de la théière,
13 cent. Diamètre de la soucoupe, 14 cent.

397 — Tasse droite et soucoupe en vieux Sèvres,
pâte tendre, à décor polychrome de bouquets
détachés. — Diamètre de la soucoupe, 15 cent.

398 — Théière ronde et surbaissée, en ancienne
porcelaine de Sèvres, pâte dure, décor à semé de

roses avec filets et bordure en dorure; initiales de décorateur L. B.; les ors par Vincent. Anse surélevée à deux branches lyres, en argent doré et poignée fuselée en bois. — Haut., 18 cent.

399 — Plateau à gâteaux de forme contournée, en vieux Sèvres, pâte dure, à décor de roses jetées, initiales L. B.; les ors par Vincent. — Diam., 22 cent.

50

400 — Bol en porcelaine de Sèvres, décor à bouquets et guirlandes de fleurs, bordure gros bleu à rehauts d'or. — Diam., 27 cent.

200

401 — Jardinière oblongue en porcelaine, pâte tendre, fond bleu de roi, avec, aux extrémités, des feuillages blanc et or, décorée sur la face d'un médaillon, danse villageoise dans le style de Teniers, et, au revers, d'un second médaillon : fleurs et fruits. — Haut., 12 cent. 1/2, long., 30 cent.

130

402 — Plateau oblong en porcelaine, genre de Sèvres, fond bleu turquoise avec médaillons à oiseaux et bouquets de fleurs; encadrements relevés d'or. — Long., 22 cent.

403-404 — Garniture de trois pièces en porcelaine à la Reine : cassolette couverte et à gorge ajourée et deux vases formant jardinière ; fond bleu marbré et veiné d'or ; anses têtes chimériques ; piédouches à décor en dorure sur fond blanc. — Haut., 47 et 23 cent.

PORCELAINES DE SAXE ET D'ALLÉMAGNE

405 — L'Automne et l'Hiver. Deux groupes en vieux Saxe. Bacchus debout mordant à une grappe et un petit satyre buvant assis sur un tonneau, représentent l'Automne. L'Hiver est caractérisé par un vieillard enveloppé de fourrure et par un enfant brisant du bois. Socles à rinceaux mouvementés et feuillages en bronze ciselé et doré. — Hauteur, socle compris, 34 et 32 cent.

406 — Deux figurines vieux Saxe, en pendants : Berger tenant un chardonneret dont le nid est dans son chapeau ; à ses pieds, son chien. Bergère avec agneau couché. Décor en couleur avec rehauts d'or. Socles en bronze doré, style rocaille. — Haut,. 29 cent.

407 — Deux gracieuses figurines de vieux Saxe, en couleurs et dorure, formant pendants. Berger offrant des cerises ; à ses pieds, un agneau couché et un chien qui gambade. Bergère tenant une cage ; à ses pieds, une brebis et un agneau couchés. Socles à rocailles en bronze doré — Haut., socle compris, 32 et 30 cent.

408 — L'Afrique. Statuette de négresse tenant une gerbe de blé, assise sur un lion couché ; costume composé de plumes de couleur et d'un grand manteau, coiffure simulant une tête d'éléphant, vieux Saxe, décoré en couleurs et rehaussé d'or. Socle très riche à feuillages et rinceaux en bronze ciselé et doré. — Hauteur, socle compris, 40 cent.

409 — Groupe brûle-parfums en ancienne porcelaine de Saxe, représentant l'Afrique ; la cassolette est en bronze doré et ajouré. — Haut., 20 cent.

410 — Groupe de deux enfants personnifiant l'Europe et l'Asie, sur terrasse chargée de divers attributs et décorée de rocailles ; vieux Saxe en couleurs et dorure. — Haut., 27 cent.

105 411 — Figurine de bergère en vieux Saxe, décoré
en couleur. — Haut., 25 cent.

200 412 — Figurine en vieux Saxe : Jupiter, sur socle
rocaille en bronze doré. — Haut., 18 cent.

85 413 — Figurine : l'Hiver, vieux Saxe. — Haut.,
14 cent.

200 414 — Figurine de négrillon avec jupe et coiffure de
plumes, en ancienne porcelaine de Saxe; à côté
est posée une cassolette en bronze ajouré et
doré. — Haut., 19 cent.

355 415 — Deux figurines vieux Saxe, le Petit Vendan-
geur et le Petit Marquis. — Haut., 10 et
9 cent. 1/2.

416 — Trois figurines vieux Saxe : les Travestisse-
ments de l'Amour. — Haut., 10 et 9 cent.

110
Dennery 417 — Flacon : Arlequin, en porcelaine de Chelsea.
— Haut., 8 cent.

220 418 — Paire de flambeaux en ancienne porcelaine

d'Allemagne, forme vase rocaille surmonté de fleurs ; monture en bronze doré. — Haut., 25 cent.

419 — Bébé étendu sur un lit de repos et jouant avec un chien. Saxe moderne. — Haut., 20 cent.

420 — Deux chiens épagneuls assis en regard , en porcelaine moderne de Saxe, décorés au naturel; ils sont placés sur des coussins élevés sur bases à crossettes en bronze doré. Style Louis XVI. — Haut., 31 cent.

421 — Aiguière, en casque, porcelaine de Saxe, gaufrée en vannerie et à décor polychrome de fleurs. — Haut., 20 cent.

422 — Une théière, un pot à crème, quinze tasses à thé, treize soucoupes en Saxe (au point) de deux décors à fleurs et paysages en camaïeu rose avec bordures vertes et encadrements d'or, plus deux tasses droites d'un décor analogue. — Diamètre des soucoupes, 14 cent.

423 — Tasse cul de poule et soucoupe en porcelaine

de Saxe, à décor d'oiseaux et dentelle en dorure. — Diam., 13 cent.

424 — Petite théière, pot à crème, sucrier et tasse avec soucoupe, Saxe à bouquets en couleurs et dents de loup dorées. — Diamètre de la soucoupe, 13 cent.

425 — Six tasses à thé et leurs soucoupes de vieux Saxe, gaufrées en vannerie et décorées de fleurs polychromes. Plus un flacon à thé de décor analogue. — Diamètre des soucoupes, 15 cent.

426 — Dix présentoirs vieux Saxe, en forme de feuilles à anses branchages et treize tasses côtelées, partie vieux Saxe et partie en porcelaine moderne. — Diam., 15 cent.

427 — Bol décagone à décor de figures, de palissades et de fleurs en couleur et or, dans le goût chinois. Vieux Saxe. — Diam., 21 cent.

428 — Sucrier couvert et deux tasses droites avec soucoupes en Saxe Marcolini, à bouquets polychromes et rubans verts. — Hauteur du sucrier, 10 cent.

429 — Plateau rectangulaire à deux anses en ancienne
porcelaine de Kronenburg, décor à guirlandes
de fleurs en couleurs, bouquets de fleurs détachés à rehauts d'or ; bordure à chaînette et coquil-
lage, fond bleu relevé d'or. — Long., 28 cent.

430 — Vingt et une assiettes plates et six assiettes
creuses en ancienne porcelaine de Venise, décor
à bouquets de fleurs détachés. Bordure bleue à
rehauts d'or. — Diam., 22 cent.

431 — Vingt et une assiettes en porcelaine de Saxe,
décor de groupes d'enfants et d'amours dans des
paysages et guirlandes de fleurs en camaïeu violet. Bordure fond vert à rehauts d'or. — Diam.,
25 cent.

432 — Deux compotiers en ancienne porcelaine de
Saxe, décor à bouquets de fleurs détachés. —
Diam., 24 cent.

433 — Trois pièces : deux théières et un sucrier à
couvercles surmontés d'un lion héraldique, en
ancienne porcelaine de Ludwigsbourg, décorée

de guirlandes polychromes et de bordures bleu
et or. — Haut., 15, 13 et 12 cent.

434 — Plusieurs pièces : cafetière, écuelle couverte,
en porcelaine d'Allemagne.

PORCELAINES DE LA CHINE ET DU JAPON

435 — Paire de grands et beaux vases en ancienne
porcelaine de Chine, décor à grandes gerbes de
fleurs et lambrequins avec arabesques autour du
col, en rouge et or; couvercles surmontés de
chimères; socles en bois noir. — Hauteur des
vases, 1 m. 30 cent.; hauteur avec socles, 1 m.
80 cent.

436 — Grand vase en ancienne porcelaine de Chine
semblable aux précédents. — Hauteur du vase,
1 m. 30 cent.; hauteur avec socle, 1 m. 80 cent.

437 — Vase lobé et à cinq orifices surmontés d'un
long goulot évasé, en porcelaine de Chine,
décoré de fruits en émaux de couleur sur un
fond d'imbrications en rouge de fer. — Haut.,
28 cent.

438 — Deux cassolettes hémisphériques à piédouches, anses et couvercles, percées d'ouvertures circulaires, en ancienne porcelaine de la Chine décorée en émaux de la famille verte. — Haut., 12 cent.; diam., 13 cent.

439 — Cache-pot octogone et à parois ajourés en ancienne porcelaine de Chine à fleurs et entrelacs rehaussés d'or et de rouge de cuivre. Le bord est décoré de fleurs en émaux verts sur fond pointillé noir. — Haut., 16 cent.

440 — Cassolette oblongue et quadrilobée en ancienne porcelaine de la Chine émaillée en couleur; couvercle en argent repercé à jour. — Grand axe, 11 cent.

441 — Coupe libatoire en ancienne porcelaine de Chine décorée en émaux de la famille verte, de dragons, de fleurs et de grecques. — Haut., 6 cent.

442 — Coupe libatoire en Chine décorée en émaux de couleur et offrant sous le déversoir et contre l'anse des chimères en haut-relief. — Haut., 6 cent.

8

443 — Petit plateau carré et à coins festonnés en vieux Chine à décor de fleurs en émaux de couleurs, sur fond vert. — 11 cent. sur 11 cent.

9

444 — Deux petites tasses coniques et leurs soucoupes à réserves : figures et fleurs, en couleurs sur fond d'or. — Diamètre des soucoupes, 9 cent. 1/2.

445 — Deux petites théières à paysages en bas-relief, en biscuit à couverte d'émail blanc. — Haut., 7 cent.

24

446 — Tasse sans anse et son présentoir en porcelaine mince de la Chine, à décor de fleurs en couleurs sur fond blanc et bordure lobée rouge d'or. — Diamètre de la soucoupe, 13 cent.

62

447 — Bol en porcelaine de Chine à décor de dragons en émaux vert, carmin et blanc, sur fond jaune impérial. — Diam., 13 cent.

448 — Bol couvert en ancienne porcelaine mince de la Chine à décor de coqs et de fleurs émaillés en couleurs, en des réserves lobées, sur fond rose à carrelage. — Diam., 11 cent. 1/2.

rest., conv. felé

449 — Grande théière à décor d'arbustes fleuris en relief. Terre rouge de Boccaro. — Haut., 17 cent.

450 — Théière forme balustre à quatre pans en terre rouge de Boccaro, émaillée noir avec monture en argent. — Haut., 15 cent.

451 — Deux plats en ancienne porcelaine de Chine de la famille verte, décorés d'objets d'ameublement. — Diam., 28 cent.

452 — Six assiettes en ancienne porcelaine de Chine, famille rose, décor de vases de fleurs et bouquets. — Diam., 22 cent.

453 — Douze assiettes à pans en vieux Chine, famille rose, décor à bouquets de fleurs et médaillons. — Diam., 21 cent.

454 — Dix assiettes en vieux Japon, décor de kakémonos avec branchages fleuris et oiseaux en bleu, rouge et or. — Diam., 22 cent.

455 — Vingt-deux assiettes à pans en ancienne por-

celaine de Chine. décor de paysages et marines en
grisaille et or. Bordure mosaïque, fond bleu avec
galons à arabesques. — Diam., 21 cent.

456 — Trois assiettes en ancienne porcelaine de
Chine. famille verte, décor paysages et oiseaux.
— Diam., 23 cent.

457 — Douze assiettes en ancienne porcelaine de
Chine, famille verte, décor paysages et oiseaux.
— Diam., 22 cent.

458 — Neuf assiettes en ancienne porcelaine de
Chine offrant au centre des vases et des fleurs,
sur les bords des jetées de fleurs polychromes à
rehauts d'or. — Diam., 22 cent.

459 — Trois assiettes en ancienne porcelaine de
l'Inde, décor dans le goût européen, représentant un couronnement dans un palais. Bordure à
dessin très fin, en grisaille et or. — Diam.,
23 cent.

460 — Vingt et une assiettes en ancienne porcelaine
du Japon, décor bleu, rouge et or, à jardinières

et fleurs. Marli fond rouge et arabesques. — Diam., 22 cent.

461 — Cinq grandes assiettes en ancienne porcelaine du Japon. Bordure à lambrequins, fond bleu, et objets d'ameublement en rouge et or. — Diam., 26 cent.

462 — Dix assiettes creuses en ancienne porcelaine du Japon, décor bleu, rouge et or, représentant des paysages avec cours d'eau et bateaux. Bordure à ornements. — Diam., 22 cent.

463 — Quinze assiettes plates en ancienne porcelaine du Japon, décor à médaillons, vases et gerbes de fleurs. Bordure à jetées de fleurs en bleu, rouge et or. Marli quadrillé bleu. — Diam., 22 cent.

464 — Trente assiettes plates en ancienne porcelaine du Japon, décorées d'objets d'ameublement en bleu, rouge et or. Bordure à plantes et fleurs. — Diam., 22 cent.

465 — Dix-huit assiettes creuses en ancienne porcelaine du Japon, offrant au centre des paysages et

sur le bord des jetées de fleurs, en bleu, rouge
et or. — Diam., 22 cent.

466 — Cinquante-deux assiettes plates et onze assiettes
creuses en ancienne porcelaine du Japon, offrant
au centre des jardinières fleuries se détachant
sur des fonds à lambrequins gros bleu, agré-
mentées de guirlandes et de jetées de fleurs ;
décor bleu, rouge et or. — Diam., 24 cent.

PORCELAINES DIVERSES

467 — Deux flambeaux formés chacun d'un petit
vase de jolie forme et plein de fleurs, en ancienne
porcelaine, pâte tendre, de Chelsea. Ce vase est
monté sur un pied à rinceaux en bronze doré de
style Louis XV ; du milieu du bouquet de fleurs
de porcelaine surgit le double porte-bougie aussi
en bronze doré. — Haut., 22 cent.

468 — Paire de vases avec couvercle en Wedgwood
fond bleu pâle, offrant au pourtour des figures
mythologiques en bas-relief, avec anses forme
crosse feuillagée. Époque fin Louis XVI. —
Haut., 35 cent.

469 — Paire de flambeaux-cassolettes forme autel en Wedgwood fond bleu pâle, offrant sur chaque face des figures ou des brûle-parfums et aux angles des têtes de béliers retenant des guirlandes de fleurs. Monture en bronze ciselé et doré de style Louis XVI. — Haut., 23 cent.

470 — Paire de vases en Wedgwood fond bleu pâle, décor à reliefs blancs : sujets champêtres et mythologiques, cols avec ornements et mascarons. — Haut., 17 cent.

471 — Paire de vases en Wedgwood brun avec décor de bacchanales d'enfants, pieds en bronze doré. — Haut., 17 cent.

472 — Deux pièces : écuelle couverte à deux anses en terre blanche de Wedgwood et une tasse analogue avec soucoupe. — Hauteur de l'écuelle, 12 cent.

473 — Treize pièces en Wedgwood à figures et ornements en biscuit blanc réservé et en relief sur fond bleu : théière, sucrier, tasses. — Hauteur de la théière, 14 cent.

169

474 — Deux figurines d'ancienne porcelaine italienne, personnages de la Comédie en costumes
noirs, rehaussés d'or. — Haut., 12 et 11 cent.

BRONZES D'AMEUBLEMENT

LUSTRES EN CRISTAL DE ROCHE

12300
Stettiner

475 — Grand lustre de cristal de roche à monture de
bronze doré, style Louis XV, de la maison Marquis, enrichi d'environ 130 plaquettes à bords
contournés et biseautés, d'autant d'étoiles, de
grosses pièces d'enfilage, de six pyramides, d'une
poire suspendue au centre de la monture de
bronze et d'une très grosse poire à six pans
appendue au-dessus du lustre, le tout en cristal
de roche. — Hauteur, environ 2 m. 10 cent.

9000
Perdreau

476 — Très beau lustre Louis XVI à seize lumières
en bronze doré, à rinceaux feuillagés, enrichi de
boules, de larges plaquettes, de fleurs, de pendeloques, de pyramides en cristal de roche d'une
limpidité remarquable et taillés à biseaux. —
Haut., 2 m. 40 cent.; circonférence, 4 mètres.

7900
Stettiner

477 — Lustre forme Louis XIV, à douze lumières, en

bronze, richement garni de pièces d'enfilage, de pyramides, plaquettes, pendeloques, poire et étoiles en cristal de roche taillé, et en général d'une grande pureté. — Haut., 1 m. 40 cent.

478-479 — Quatre appliques à trois lumières chaque, en bronze ciselé et doré, d'un modèle élégant et d'un dessin mouvementé, à rinceaux, feuilles et graines, dans le style Louis XV. — Haut., 5o cent.

480-481 — Quatre appliques en bronze ciselé et doré, offrant, sur des cartouches encadrés de chutes de fleurs et de feuillages d'une grande finesse, des figures d'amours debout. Au-dessus, des jardinières avec médaillons à bustes de personnages et d'où s'échappent des bouquets de lis et de feuillages à trois lumières. Style Louis XVI. — Haut., 8o cent.

482-483 — Quatre autres appliques semblables, médaillons différents.

484 — Paire de grands chenets Louis XVI en bronze ciselé et doré, forme cassolette ornée de feuillages avec anses à cariatides d'amours et rin-

ceaux à feuillages s'enroulant, sur une balustrade supportée par quatre pieds tors. Au centre, se détache un soleil. — Haut., 40 cent.; larg., 40 cent.

485 — Pelle, pincette et pince-bûches en fer avec pommes en bronze doré. Louis XV. — Long., 80 cent.

486 — Deux paires d'appliques à deux lumières en bronze ciselé et doré, formées par des cariatides de femmes sur gaines à guirlandes de laurier avec culots à feuillages. Style Régence. — Haut., 50 cent.

487-488 — Quatre appliques en bronze ciselé et doré, à figures d'enfants portant d'élégants bouquets, à trois lumières, rinceaux ornés de fleurs. Style Louis XVI. — Haut., 80 cent.

489 — Paire d'appliques à branchages ornés de feuillages verdis et de fleurs de Saxe, à deux lumières. Louis XV. — Haut., 50 cent.

490 — Pendule en bronze ciselé et doré représen-

tant Flore debout à sa toilette sur un monument renfermant le mouvement, entouré de roses et de nœuds de rubans. Cadran signé Henry Voisin. Au pied du monument, à droite, un mouton qui regarde la déesse et sur le monument une aiguière avec un plateau. Le socle est orné de bas-reliefs, jeux d'amours, et de guirlandes de fleurs. Le contre-socle en marbre blanc avec bordure perlée est supporté par six pieds en bronze doré. Époque Louis XVI. — Haut., 48 cent.: larg., 44 cent.

491 — Jolie cage-horloge à suspendre avec oiseaux gazouillant, à l'intérieur, tout en bronze doré, avec niches aux angles renfermant des figurines d'enfants, allégories des saisons, éclairées par des branchages à trois lumières chaque, ornés de fleurs en vieux Saxe. Chaque face est ornée dans le bas de médaillons en émail peint en grisaille et de guirlandes de lauriers en bronze doré. Sous la cage, le cadran de l'horloge et aux écoinçons, des ornements avec serres d'aigles tenant des boules sur lesquelles la cage poserait au besoin. Époque Louis XVI. — Haut., 40 cent.

492 — Garniture de cheminée de style Louis XVI.

Pendule et flambeaux forme lion portant le mouvement, en bronze ciselé et doré, enrichis d'encadrements et de guirlandes en marcassite, avec petits émaux peints sur les socles à portraits de personnages Louis XVI. — Pendule. Haut., 38 cent. Flambeaux. Haut., 20 cent.

493 — Pendule monumentale en bronze doré couronnée par une figure d'Amphitrite sur un dauphin, avec socle adhérent, à grands ornements. Style Louis XIV. — Haut., 80 cent.

494 — Paire de flambeaux en bronze, tiges cannelées avec chutes. Style Louis XVI. — Haut., 27 cent.

495-496 — Deux paires de flambeaux en bronze, décor à feuillages et cannelures. Style Louis XVI. — Haut., 28 cent.

497 — Garniture de cheminée en bronze doré, composée : 1° d'une pendule-cage laissant voir un mouvement à triple cadran marquant les heures, les minutes, les jours, les mois et les phases de la lune. De chaque côté sont des figures d'amours debout tenant l'un, une torche enflammée, l'autre,

un rameau. Comme couronnement, un groupe :
Junon et l'aigle dans les nuages ; socle orné de
mascarons et d'ornements à volutes, supporté
par des groupes de dauphins ; 2º Deux candélabres à figures d'amours s'élevant dans les airs au-
dessus de la boule terrestre et portant des branches feuillagées à trois lumières, sur socles en
porphyre rouge oriental et contre-socles en porphyre vert. Travail en partie de l'époque
Louis XIV. — Pendule. Haut., 90 cent.; larg.,
60 cent. Candélabres. Haut., 80 cent.

498 — Garniture de cheminée composée : 1º d'une
petite pendule forme monument en bronze doré,
ornée de guirlandes de lauriers et de consoles à
feuillages avec mascarons, couronnée par un
brûle-parfums. Enrichie de guirlandes, de nœuds
de rubans, d'entourages de cadrans et d'ai-
guilles en marcassite ; 2º Deux petits flambeaux
forme vases avec guirlandes de lauriers retenues par des têtes de lions, avec écussons fleurdelisés également enrichis de marcassites. Style
Louis XVI. Pendule. Haut., 29 cent.; larg.,
17 cent. Flambeaux. Haut., 19 cent.

499 — Deux statuettes Louis XVI en bronze doré,

formant pendants ; amours debout contre l'autel, bases à tores de lauriers et plinthes en marbre blanc. — Haut., 22 cent.

500 — Deux candélabres formés chacun d'une statuette de femme vêtue à l'antique en bronze du temps de Louis XVI, à patine brune, et supportant des couronnements à trois bras porte-lumières enguirlandés et feuillagés, en bronze doré de même style. Socles ronds en marbre blanc. — Haut., 52 cent.

501 — Deux flambeaux en bronze doré, d'un dessin mouvementé à rinceaux, coquilles et feuillages. Une armoirie est gravée sur la doucine du pied. Époque Louis XV. Ils sont poinçonnés du C couronné. — Haut., 26 cent.

502 — Paire de candélabres à figures de petits faunes et d'enfants en bronze à patine brune, portant deux branches de lumières, en bronze doré. Socles en marbre blanc. Style Louis XVI. — Haut., 42 cent.

503 — Paire de petits flambeaux en bronze doré,

Louis XVI, tiges perlées supportant une fleur. —
Haut., 14 cent.

504 — Quatre flambeaux en bronze doré, forme vase à
anses, têtes d'animaux, avec guirlandes de fleurs,
pieds à tores de lauriers. Époque Louis XVI.
— Haut., 22 cent.

505 — Quatre girandoles à trois lumières en bronze
doré, époque Louis XVI, branches à rinceaux
enroulés et feuillagés se détachant d'un brûle-
parfums couronné par une flamme, flambeaux à
tiges cannelées et ornées de feuillages. — Haut.,
62 cent.

506 — Deux candélabres à deux branches en bronze
doré avec figures d'esclaves chinois adossés.
Travail partie de l'époque Louis XV. Socles en
marbre jaune de Sienne. — Haut., 35 cent.

507 — Paire de girandoles à sept lumières en bronze
doré, richement garnies de pendeloques, de
guirlandes et d'étoiles en cristal de roche taillé.
Époque Louis XIV. — Haut., 85 cent.

508 — Pendule forme monument à cannelures en

bronze ciselé et doré, avec cadran entouré de
guirlandes de roses et couronnée par un groupe
de colombes. Le bas est orné de bas-reliefs, trophées et festons. Style Louis XVI. — Haut.,
38 cent.

509 — Deux candélabres, bouts de table, à deux
lumières chacun, en bronze doré, style Louis XVI,
surmontant une statuette d'enfant en bronze patiné, assis sur un fût en marbre jaune de Sienne.
— Haut., 44 cent.

510 — Deux bouts de table à deux lumières chacun,
s'échappant de corbeilles soutenues par des bacchantes agenouillées. Socles ronds sur plinthes
octogonales. — Haut., 40 cent.

511 — Deux bouts de table en bronze doré, chacun
à deux branches de chêne entrecroisées et soutenues sur les épaules par une figurine d'enfant,
debout sur un fût cannelé et enguirlandé. —
Haut., 44 cent.

512 — Deux bouts de table à deux lumières chacun,
en bronze doré de style Louis XVI à statuettes
d'enfants, satyres musiciens; ces figurines sont

montées sur des fûts de marbre blanc à guirlandes et tore de lauriers en bronze doré. —
— Haut., 41 cent.

513 — Paire de vases avec couvercles formant flambeaux en marbre blanc, monture en bronze doré.
Style Louis XVI. — Haut., 28 cent.

514 — Deux flambeaux-cassolettes en bronze doré,
modèle Louis XVI, consistant en un trépied à
masques fauniens, cordons ornés et guirlandes.
— Haut., 21 cent.

515 — Deux cassolettes flambeaux en bronze doré
de style Louis XVI, modèle trépied antique à
guirlandes et masques chimériques. — Haut.,
21 cent.

516 — Deux grands chenets en bronze doré, à statuettes d'enfants, assis au milieu de forts rinceaux et de feuillages. Style Régence. — Haut.,
52 cent.

517 — Grande pendule en bronze ciselé et doré, et
son socle, d'une riche ornementation inspirée du
style de la Régence, feuillages, rocailles et rin-

ceaux à volutes ; un bouquet de fleurs forme le couronnement de la pendule qui est accostée de deux statuettes d'enfants, l'Été et l'Automne, assis sur des enroulements. — Haut., 85 cent.; larg., 55 cent.

518 — Petite garniture de cheminée. Pendule et deux flambeaux style Louis XVI supportés par des lions, bronze doré et bronze patiné avec guirlandes, nœuds, rubans, pendeloques en marcassites. Les socles sont ornés de petits médaillons-portraits en émail peint. Le cadran supporte une cassolette. — Hauteur de la pendule, 42 cent.; hauteur des flambeaux, 22 cent.

519 — Paire de chenets en bronze doré représentant Bacchus et Junon sur des aigles. Socles à trois faces et quatre pieds à volutes se terminant par des têtes d'animaux fantastiques. Travail en partie de l'époque Louis XIV. — Haut., 50 cent.

520 — Pelle, pincette et pince-bûches en fer avec pommes en bronze. Style Louis XV.

521 — Deux grands chenets en bronze doré : sphinx affrontés et statuettes de Minerve. Socles à ta-

bliers, mascarons et ornements de style Louis XIV.
— Haut., 38 cent.; larg., 45 cent.

522 — Écran, médaillon ovale à glace biseautée, monture en bronze doré. Le cadre offre des rubans sur fond plat, des feuillages d'acanthe autour de l'intérieur en réverbère, dessus : de fortes feuilles de lierre enclavées dans des biseaux à vif dessinant un lambrequin, et tout à fait en saillie, des fruits enveloppés dans des épis de blé. Le pied a quatre consoles feuillagées avec guirlandes de fleurs sur le devant. Style Louis XVI. — Haut., 90 cent.

523 — Devant de feu, galerie et chenets en bronze doré, modèle dragons et cerbères. Style Louis XIV. — Haut., 30 cent.

524 — Paire de chenets en bronze doré, brûle-parfums sur balustrade avec cariatides d'amours adossées. Style Louis XVI. — Haut., 45 cent.

525 — Paire de flambeaux d'autel en cuivre argenté, base tripode à écusson, coquille et ornements. Époque Louis XIII. — Haut., 30 cent.

MEUBLES EN BOIS SCULPTÉ

DU XVIe SIÈCLE ET AUTRES

526 — Grand dressoir en noyer sculpté. Il est construit à cinq pans. Sur une base décorée d'un grand nombre de moulures en retraite se dressent, à droite et à gauche, deux piliers qui supportent le corps supérieur du meuble divisé lui-même en deux étages par des moulures horizontales. Chacun des angles de la façade est décoré de pilastres ou colonnes ajourées, ornés de feuillages, d'animaux, de mascarons. Sur le sommet de ces pilastres se dressent des personnages abrités par des dais de style gothique flamboyant. A l'étage inférieur ou ceinture du dressoir, s'ouvrent deux tiroirs décorés de médaillons ou de figures de génies au milieu de rinceaux. Les cinq faces de la partie supérieure, dont deux forment vantaux de porte, sont chargées de sculptures d'une extraordinaire richesse: candélabres, enfants, oiseaux. Sur le panneau central sont sculptées les armes de l'Empire accostées d'un aigle et d'un lion. Couronnement mouluré. Précieux travail flamand du commencement du xvie siècle. — Haut., 1 m. 63 cent.; larg., 1 m. 15 cent.

527 — Étagère de dressoir composée d'une base à cinq pans et d'un couronnement supporté par deux colonnettes, décorée de panneaux sculptés, offrant des feuillages et des médaillons. Chêne sculpté.

Cette étagère est destinée à surmonter le meuble précédent. — Haut., 62 cent.; larg.. 97 cent.

528 — Dressoir. Il se compose d'un corps inférieur à la ceinture duquel s'ouvrent deux tiroirs, supporté par deux pilastres ornés de mufles de lion, et d'un corps supérieur soutenu par deux figures grotesques terminées par des griffes de lion. Sur ce second corps se dresse un dossier ou couronnement accosté de deux consoles à griffes de lion. Les panneaux du fond sont ornés de mascarons, de feuillages et de festons. Bois de noyer. Travail français en partie du XVIe siècle. — Haut., 2 m. 22 cent.; larg., 1 m. 25 cent.

529 — Meuble à deux corps. Le corps inférieur se compose d'un soubassement sur lequel se dressent quatre colonnes ioniques à fût cannelé, supportant une tablette, sur laquelle pose le corps supérieur. Sur la ceinture de cette tablette

s'ouvrent trois tiroirs. Le corps supérieur, au milieu duquel s'ouvre une porte, est décoré de cariatides et d'appliques en argent représentant Hercule, Cérès et Flore. Sur les flancs du meuble sont également rapportées deux figures d'hommes terminées en gaine et soutenant des corbeilles. Noyer sculpté. — Haut., 1 m. 48 cent.; larg., 79 cent.

530 — Grand coffre de mariage. En forme de sarcophage, ce coffre est décoré aux angles de sa façade de deux figures de femmes ailées de haut-relief, reposant sur des mascarons. Au centre de la partie antérieure on voit un écusson ovale entouré de cuirs découpés et de chimères, dans lequel sont peintes les armes de la famille Visconti. Deux grands bas-reliefs sont sculptés à droite et à gauche. L'un représente un jeune homme couronné de pampres (? Bacchus), accompagné d'un satyre, auquel une femme vêtue d'une longue tunique (? Ariadne) remet une couronne. Une autre femme l'accompagne, et au second plan on distingue plusieurs personnages.

Le second bas-relief représente une femme s'inclinant devant un guerrier et déposant un casque à ses pieds. A droite et à gauche, divers personnages, hommes et femmes ; au fond, un édifice circulaire. Au-dessus de ces bas-reliefs se développe une frise décorée de festons, de trophées et de masques de femmes. Le couvercle est décoré d'ornements imbriqués, de volutes et de cannelures. Aux extrémités du coffre, des enfants montés sur des monstres et sonnant de la trompe. Reliefs très accentués ; fonds et rehauts d'or. Bois de noyer. Travail vénitien. xvie siècle. — Haut., 68 cent.; long., 1 m. 73 cent.; larg., 55 cent.

531 — Soufflet en noyer sculpté. Le panneau antérieur est décoré d'une figure d'enfant debout, vêtu d'une cuirasse antique et appuyé sur une lance, placée dans un cartouche composé de cuirs découpés. Autour de ce cartouche sont rangées symétriquement deux figures d'amour accompagnées de satyres. Une figure d'amour et un dauphin forment le manche. Embouchure en bronze décorée de figures ailées et d'amours dans des médaillons. Fin du xvie siècle. — Long., 79 cent.

532 — Écran en noyer sculpté et doré, garni d'une broderie exécutée en soie, or et argent, sur fond

de satin blanc, et offrant les attributs des litanies de la Vierge, accompagnés d'inscriptions. Broderie du xviiᵉ siècle. — Haut., 1 m. 26 cent.; larg., 74 cent.

MEUBLES ANCIENS ET DE STYLE

533 — Grand bureau à quatre faces en marqueterie de Boulle, cuivre et écaille, première et seconde parties, à cinq tiroirs et supporté par huit pieds carrés, reliés à leurs bases par deux X contournés et portant sur des toupies en bronze ; la tablette est bordée d'une moulure de godrons et d'entrelacs avec appliques aux angles en bronze doré. Époque Louis XIV. — Long., 1 m. 82 cent.; larg., 88 cent.

534-535 — Deux petits meubles (armoires) dont les portes sont formées par des panneaux peints à l'huile, représentant un jeune seigneur et une petite marquise ; panneaux découpés suivant les contours des personnages. Travail hollandais du xviiiᵉ siècle. — Haut., 1 m. 10 cent.

536 — Table de bouillotte, Louis XVI, en acajou à

pieds cannelés. Les cuivres, branches de chêne, pentes de fruits et bagues, ont été rapportés. — Diam., 1 m. 6 cent.

537 — Deux encoignures de forme contournée, en laque verte et ayant chacune une porte formée d'un beau panneau ancien, peint au vernis dit de Martin, attribué à Oudry, et représentant des oiseaux dans un parc. La porte est surmontée d'un tiroir décoré au vernis, de médaillons, de chimères et d'enroulements. Ces meubles sont enrichis de cuivres ciselés et dorés, chutes, appliques et baguettes de style Louis XV. Tablette en marbre brèche violette. — Haut., 1 m. 3 cent.; larg., 75 cent.

538 — Entredeux à face et côtés contournés de forme Louis XV en bois de placage, décoré de panneaux peints au vernis, genre Martin : jeux d'enfants, scènes d'animaux tirées des *Fables de La Fontaine* et branches de fleurs. Le meuble est enrichi de bronzes ciselés et dorés. Tablette de marbre royal, bordée d'un quart de rond. — Haut., 1 m. 5 cent.; long., 1 m. 35 cent.

539 — Coffret en écaille incrustée d'ivoire, décoré

d'ornements gravés. Époque Louis XIII.—Haut.,
15 cent.; larg., 3o cent.

540 — Coffre en bois de palissandre garni d'écoinçons et d'appliques en bronze doré avec émaux
de Limoges: têtes d'empereurs romains. XVIIe siècle. — Haut., 33 cent.; larg., 5o cent.

541 — Armoire à deux portes en bois rose, palissandre et marqueterie, ornée de rosaces en
bronze doré. Époque Louis XVI. — Haut.,
1 m. 8o cent.; larg., 1 m. 10 cent.

542 — Secrétaire en bois rose et marqueterie de
bois. Époque Louis XVI.— Haut., 1 m. 44 cent.;
larg., 85 cent.

543 — Coffre ancien en laque noire, décor à rehauts
d'or avec monture en cuivre gravé et doré. —
Haut., 37 cent.; larg., 8o cent.

544 — Table à un tiroir et à étagères en acajou.
Louis XVI. — Haut., 72 cent.

545 — Prie-Dieu en bois sculpté offrant sur le de-

vant un panneau avec bas-relief : l'Adoration des
rois mages, et des montants à personnages,
consoles à figures de chérubins et chutes de
fruits. Louis XIII. — Haut., 85 cent.; larg.,
55 cent.

546 — Table rectangulaire en citronnier avec tablette
d'entrejambes, garnie, au bandeau, de guirlandes
de fleurs en bronze doré. Époque Louis XVI. —
Haut., 75 cent.; larg., 70 cent.

547 — Table semblable à la précédente, de style
Louis XVI. — Haut., 75 cent.; larg., 70 cent.

548 — Table rectangulaire, pieds à contours en bois
rose richement garnis de bronzes dorés, avec
plaque en porcelaine, décor médaillon d'oiseaux
sur le tiroir. Style Louis XV. — Haut., 70 cent.;
larg., 68 cent.

549 — Table de nuit acajou à filets de cuivre ; dessus
en marbre blanc. Époque Louis XVI. — Haut.,
73 cent.; larg., 65 cent.

— Secrétaire en bois rose et marqueterie orné
de bronze doré ; dessus en marbre veiné rouge

Époque Louis XVI. — Haut., 1 m. 40 cent. ; larg., 90 cent.

290

551 — Chiffonnier à huit tiroirs en bois de rose, palissandre et marqueterie ; dessus en marbre. Époque Louis XVI. — Haut., 1 m. 67 cent. ; larg., 92 cent.

175

552 — Chiffonnier à sept tiroirs en bois de rose et palissandre ; dessus de marbre. Style Louis XVI. — Haut., 1 m. 35 cent.; larg., 38 cent.

160

553 — Petite armoire à deux portes en marqueterie de bois. Louis XVI. — Haut., 77 cent. ; larg., 50 cent.

950
Stettner

554 — Table à contours en bois noir et marqueterie encadrée de nacre, garnie de bronzes dorés, chutes à mascarons, sabots à rocailles, avec dessus et milieu d'entrejambes tout en écaille piquée d'or et incrustée de burgau ; décor à sujet champêtre, animaux fabuleux et ornements dans le goût de Bérain. — Haut., 75 cent.; long., 80 cent.; larg., 62 cent.

830
Dennery

555 — Deux encoignures en bois de palissandre s'ou-

vrant à deux portes garnies de bronzes dorés ;
dessus en marbre rouge. Époque Louis XIV. —
Haut., 80 cent.

556 — Table rectangulaire en bois noir à pieds contournés, garnie de bronzes dorés, cariatides de
femmes, appliques à figures et médaillons ; dessus
en mosaïque de marbre. Style Louis XIV. —
Haut., 75 cent.; long., 65 cent.; larg., 45 cent.

360

557 — Pupitre en bois noir décoré de fines incrustations d'ivoire représentant des petits médaillons
à sujets allégoriques aux mois et empruntés à la
Genèse et à la vie, mœurs et coutumes du règne
de Henri IV. Le fond à ornements et encadrements à petits dessins rappelant les plus délicates
compositions du xvie siècle. — Long., 42 cent. ;
larg., 42 cent.

200

558 — Meuble à hauteur d'appui de forme cintrée,
s'ouvrant à trois portes en bois de palissandre et
de violette, garni de bronzes dorés, offrant sur le
battant principal une figure d'enfant, allégorie au
génie de la musique avec encadrement à moulures
de bronzes et ornements suivant les contours de

780

la marqueterie. Époque Régence. A subi des restaurations. — Haut., 1 mètre ; larg., 1 mètre 40 cent.

559 — Deux meubles à hauteur d'appui s'ouvrant à une porte, inspirés du même style que le précédent, garnis de bronzes de l'époque de la Régence. — Haut., 1 mètre ; larg., 92 cent.

560 — Deux gaines à trois faces en bois noir, fond d'étain et marqueterie, style de Boule, ornées de mascarons, de feuillages et d'appliques en bronze doré. — Haut., 1 m. 23 cent.

561 — Beau meuble à hauteur d'appui s'ouvrant à deux portes cintrées, côtés formant étagères tout en bois de rose et marqueterie, dessin quadrillé avec six petites rosaces en bronze, richement garni de bronzes ciselés et dorés, montants à cariatides de femmes, sur gaines, bandeau et frise du bas à rinceaux fleuronnés ; encadrement des battants à fortes moulures semé d'un enchaînement de feuillages, pieds en forme de griffes de lion ; dessus en marbre blanc suivant les contours du meuble. Style Louis XVI. — Haut., 1 m. 5 cent.; largeur, 1 m. 85 cent.

562 — Joli meuble secrétaire en bois noir richement garni de bronzes ciselés et dorés avec médaillons jeux d'enfants et amours, paysages en vernis Martin montés sur l'abattant et sur les côtés. L'intérieur avec tiroirs et tablettes ; dessus en marbre brocatelle d'Espagne. Style Louis XVI. — Haut., 1 m. 17 cent. ; larg., 90 cent.

563 — Joli meuble bonheur du jour en bois clair satiné et filets de marqueterie, garni de bronzes ciselés et dorés, enrichi de plaques de porcelaine ; décor d'animaux et volatiles dans des paysages sur les côtés formant étagères à fond de glaces ; dessus en marbre. Style Louis XVI. — Haut., 1 m. 32 cent.; larg., 85 cent.

564 — Table rectangulaire à pieds cannelés de cuivre, dessus en lapis, ornée de frises à guirlandes de fleurs s'entrelaçant, dessinant une suite de couronnes en bronze ciselé et doré. Style Louis XVI. — Haut., 75 cent.; long., 75 cent.; larg., 45 cent.

565 — Table en bois de citronnier, pieds cannelés, dessus avec galerie de cuivre, bandeau orné de guirlandes de fleurs retenues par des nœuds de rubans en bronze doré. Style Louis XVI. — Haut., 70 cent. ; long., 75 cent. ; larg., 40 cent.

566 — Meuble-vitrine à hauteur d'appui, de forme contournée, en bois de placage, enrichi de cuivres ciselés et dorés, chutes, sabots, moulures et baguettes d'encadrements dans le style Louis XV. Dessus en marbre brèche jaune. — Hauteur, 1 m. 36 cent.; long., 1 m. 5o cent.

567 — Piédestal octogone plaqué d'ébène incrusté de filets et orné de moulures en cuivre poli.— Haut., 54 cent.

568 — Petite table à ouvrage rectangulaire à pieds cambrés, en marqueterie de palissandre et de bois rose à quadrillés ; forme Louis XV.— Long., 36 cent.; larg., 27 cent.

569 — Coffret rectangulaire en bois rose et bois violet, enrichi sur le couvercle et au pourtour de cinq plaques en mosaïque de Florence, à reliefs, exécutées en pierres dures, jaspes, lapis, agates et représentant des oiseaux perchés sur des branches feuillues chargées de fruits et de fleurs. — Long., 40 cent.; larg., 32 cent.

570 — Table contournée de forme Louis XV, en palissandre et bois rose, garnie de cuivres ciselés

et dorés. Le dessus est formé d'une grande plaque rectangulaire de lapis-lazuli encadrée de marbre noir. — Long., 30 cent. ; larg., 50 cent.

571 — Petit bureau de style Louis XV, à abattant oblique, en bois d'ébène décoré d'incrustation de nacre et de burgau à motifs d'oiseaux et de rinceaux feuillagés ; une partie de la décoration du meuble est formée de plaquettes en écaille posée d'or et incrustées de nacre, et datant du xviiie siècle. Chutes, moulures et galerie en cuivre doré. — Haut., 1 mètre ; long., 65 cent.

205

572 — Meuble à hauteur d'appui en bois noir et marqueterie de cuivre et d'étain, enrichi de plaquettes en jaspe et de moulures en bronze doré. La face est à trois portes en mosaïques de Florence à reliefs ; celle du milieu représente un bouquet de fleurs et de cerises dans un vase ; les deux autres, des ceps de vigne avec feuilles et grappes. — Haut., 1 m. 10 cent. ; larg., 1 m. 45 c.

830

573 — Petite table rectangulaire en bois d'amarante sur pieds carrés creusés de cannelures foncées de cuivre et reliés par une tablette d'entrejambes en citronnier bordée de perles. La ceinture de la

480

table est décorée de festons en bronze appliqués
sur un fond en acier ; le dessus est formé d'une
tablette en marbre bordée d'un quart de rond en
cuivre. Style Louis XVI. — Long., 75 cent.;
larg., 45 cent.

574 — Petit bureau de style Louis XVI en amarante
et citronnier, enrichi de plaquettes en porcelaine.
décoré d'appliques, de moulures et de perles en
bronze. Il est surmonté d'une tablette de marbre
blanc supportée par deux colonnettes et par un
panneau de fond à glace étamée. — Haut.,
1 m. 25 cent.; long., 65 cent.

575 — Guéridon de forme Louis XV à deux tablettes
supportées par trois pieds arqués, en marqueterie
de bois violette et de bois rose à quadrillé. —
Diam., 40 cent.

576 — Guéridon de même forme et de même marqueterie que le précédent; celui-ci est enrichi de
cuivres. — Diam., 39 cent.

577 — Bureau bonheur du jour, en amarante à
pieds cannelés, enrichi de panneaux en laque de
Chine noir et or à reliefs encadrés de moulures

en bronze doré. Le corps supérieur de ce petit meuble est arrondi à ses extrémités et forme étagères à tablettes de marbre brocatelle. Style Louis XVI.— Haut., 1 m. 5 cent.; larg., 70 cent.

578 — Petite table en bois noir à bandeau à gorge, évasé et à tablette à crossettes; pieds cannelés et moulures en bronze. Style Louis XVI. — Long., 80 cent.; larg., 50 cent.

130

579 — Meuble d'aspect monumental en bois noir richement décoré d'incrustations d'ivoire dans le goût de la Renaissance, formant vitrine à deux portes au milieu et cabinet à tiroirs superposés sur les côtés. Le bas forme niche, triptyque en retrait au milieu et sur les côtés s'ouvre à portes pleines avec tiroirs au-dessous. Le décor des panneaux et des encadrements représente des compositions inspirées des cartons de Raphael. — Haut., 2 m. 80 cent.; larg., 1 m. 85 cent.

800

580 — Guéridon en chêne sculpté à trois pieds griffons. — Haut., 78 cent.

37

581 — Table rectangulaire en bois sculpté, piète-

140

ment à petits balustres. Style Renaissance. —
Haut., 75 cent.; long., 1 m. 10 cent.; larg.,
65 cent.

582 — Table en chêne à pieds tors.— Haut., 75 cent.;
long., 90 cent.; larg., 63 cent.

MEUBLES EN BOIS DORÉ

583 — Jolie harpe en bois sculpté et doré, décor
partie à fleurs sur fond vernis Martin, et partie
trophées de musique avec scènes à petits personnages dans le bas. A la tête de crosse, au-dessous
d'un amour tenant des guirlandes de roses, se
détache un blason aux armes de France. Elle
porte à l'intérieur l'étiquette de Naderman,
maître-luthier ordinaire de Madame la Dau-
phine, Rue d'Argenteuil, butte Saint-Roch, à
Paris. Elle aurait, dit-on, appartenu à la reine
Marie-Antoinette. — Haut., 1 m. 55 cent.

584 — Beau lit de milieu en bois sculpté et doré,
décor sur le devant et au fond à couronnes de
feuillages et jetées de roses, sur les montants à

grandes volutes de feuillages, le tour et la bordure, dessin à rubans. Époque Louis XVI. Il est garni de lampas, fond cerise, à bouquets de fleurs et festons de rubans en grisaille. Ce lit aurait, dit-on, appartenu à la reine Marie-Antoinette. — Haut., 1 m. 40 cent.; larg., 1 m. 25 cent.

585 — Armoire-vitrine à deux portes en bois sculpté, rehaussé de dorures; décor dans le goût de la Renaissance. — Haut., 2 m. 50 cent. ; larg., 1 m. 65 cent.

586 — Deux consoles en bois sculpté et doré, à quatre pieds reliés par un croisillon à coquilles, avec têtes de monstres rocaille en partie recouverts de feuillages. Bandeau avec cartouche à coquilles et rosace, largement découpé en plein bois, orné de jetées de fleurs se détachant en bas-relief et offrant aux angles des têtes de monstres marins à la gueule béante. Dessus en marbre brèche rosé d'Égypte. Époque Louis XIV. — Haut., 90 cent.; larg., 1 m. 47 cent.

587 — Console semblable à la précédente. Travail de style Louis XIV. — Haut., 90 cent.; larg., 1 m. 47 cent.

588 — Grande table en bois sculpté et doré, même
modèle que les consoles. Style Louis XIV. Dessus en mosaïque de Florence offrant des médaillons à paysages dans des encadrements à rinceaux
fleurdelisés en matières dures, sertis de filets de
cuivre. — Haut., 90 cent.; long., 1 m. 55 cent.;
larg., 96 cent.

589 — Belle console en bois sculpté et doré, bandeau ajouré, dessin à arabesques feuillagées, avec
guirlandes de fleurs retenues par des nœuds de
rubans, supportées par trois gerbes de feuillages
dessinant à peu près une lyre; dessus en marbre
brocatelle d'Espagne suivant les contours. Époque
Louis XVI. — Haut., 90 cent.; larg., 1 m. 20 c.

590 — Console semblable à la précédente. Travail
de style Louis XVI. — Haut., 90 cent.; larg.,
1 m. 20 cent.

591 — Deux petites consoles en bois sculpté et doré,
posant sur une cariatide de personnage avec draperie. Dessus en marbre brocatelle d'Espagne.
Époque Louis XVI. — Haut., 90 cent.

592 — Petit bureau à cylindre miniature, en mar-

queterie de bois, tiroir à compartiments. Époque Louis XV. — Haut., 74 cent.

593 — Table ovale, forme Louis XVI, en bois de rose et palissandre, ornée de bronzes dorés, avec tablettes d'entrejambes à galerie de cuivre. Dessus enrichi d'un plateau en vieux Sèvres, à sujet marine avec figures, bords fond gros bleu et médaillons paysages. — Haut., 75 cent.

594-595 — Deux consoles, style Régence, en bois sculpté et doré, à ceintures découpées à jour et à quatre pieds, figurés par des cariatides de femmes ailées et reliés à leur base par une traverse contournée. Dessus en onyx d'Algérie. — Long., 1 m. 20 cent.

596 — Deux consoles de style Louis XV, composées de feuillages et de rinceaux mouvementés, en bois sculpté et doré. Les deux pieds de chaque meuble convergent vers la base où ils se relient par un cartel fleuri. Tablette de marbre brèche d'Alep. — Long., 80 cent.

597 — Table italienne, de forme rectangulaire, en bois sculpté et doré; le bandeau, à fleurs et

feuilles, [porte sur quatre cariatides de femmes ailées, posées sur un riche croisillon élevé sur griffes. La tablette est en jaspe rouge de Sicile avec, au centre, un médaillon ovale, vase de fleurs, exécuté en mosaïque florentine, de marbres rares et de lapis-lazuli. Cette tablette est encastrée dans une moulure de bronze. — Long., 1 m. 10 cent.; larg., 65 cent.

598 — Console d'applique en bois sculpté et doré, avec cariatides de Pluton et de Proserpine. Époque Louis XIV. — Haut., 40 cent.; larg., 30 cent.

599 — Deux consoles d'applique en bois sculpté et doré. Époque Louis XIV. — Haut., 30 cent.; larg., 20 cent.

600 — Console d'applique en bois sculpté et doré, décor à ornements et enroulements à jour. Époque Louis XIV. — Haut., 38 cent.; larg., 32 cent.

601 — Console d'applique en bois sculpté et doré représentant deux enfants portant des coussins et émergeant d'un bouquet de feuillages. Époque Louis XIV. — Haut., 32 cent.; larg., 32 cent.

602 — Deux consoles d'applique forme écusson rocaille, en bois sculpté et doré. — Haut., 38 cent.;
larg., 32 cent.

603 — Console d'applique en bois sculpté et doré,
dessin à coquille. Style Louis XIV. — Haut.,
32 cent.; larg., 26 cent.

604 — Console d'applique en bois sculpté et doré.
formée de trois cariatides avec culot à feuillages.
Époque Louis XIV. — Haut., 35 cent.; larg.,
35 cent.

605 — Console d'applique en bois sculpté et doré,
avec coq au centre, culot à feuillage. Époque
Louis XIV. — Haut., 30 cent.; larg., 38 cent.

606 — Console d'applique en bois sculpté et pâte
doré, modèle à cartouches et cariatide d'enfant
reliés par des guirlandes de fleurs. Époque
Régence. — Haut., 40 cent.; larg., 42 cent.

607 — Bois sculpté, peint, doré et argenté. Deux
torchères formées chacune d'une statue de jeune
guerrier, revêtu de l'armure complète et debout
sur un socle triangulaire décoré de sphinx, de

têtes de béliers et de guirlandes. Des boîtes à musique, simulant des buissons de fleurs où sont perchés des oiseaux automatiques et chanteurs, ont été adaptées sur ces torchères. — Hauteur totale, 2 m. 15 cent.

GLACES AVEC CADRES EN BOIS SCULPTÉ

608 à 611 — Quatre glaces avec beaux cadres en bois sculpté et doré, offrant, aux frontons, des écussons mythologiques avec palmes de chaque côté et des dragons se hissant sur des thyrses; des carquois et des trophées de musique se détachent, en relief, de chaque côté, et des têtes de femmes ressortent en haut-relief au-dessous du fronton. Époque Régence. Ont été redorées et restaurées par parties. — Haut., 3 m.; larg., 1 m. 37 cent.

612 — Glace biseautée avec cadre à fronton; groupe d'amours, en bois sculpté et doré partie à jour. Style Louis XIV. — Haut. 1 m. 50 cent.; larg., 90 cent.

613 — Glace avec cadre à fronton en bois sculpté et

doré, dessins à grands enroulements et tête de chérubin dans le bas. Style Louis XIV. — Haut., 1 m. 60 cent.; larg., 1 m. 10 cent.

614 — Glace à biseau dans un cadre italien de bois doré surmonté et accosté, sur les côtés, de statuettes d'enfants, ronde bosse, soutenant des guirlandes. XVIIᵉ siècle. — Haut., 1 m. 90 cent.; larg., 1 m. 40 cent.

615 — Glace à biseau dans un cadre de bois sculpté et doré à guirlandes de fleurs en relief; une figure de vieillard en bas-relief, soulevant des draperies qui retombent sur les montants du cadre, en forme de couronnement. — Haut., 2 m. 20 cent.; larg., 1 m. 40 cent.

616 à 618 — Trois glaces de cheminée dans des encadrements Louis XVI à perles et feuillages, dorés avec entredeux peints blanc. Elles sont surmontées de guirlandes, de pentes de fleurs liées par des rubans et couronnées des emblèmes de l'Amour, en bois sculpté et rapporté. Chacune de ces glaces est munie d'une paire d'appliques à trois lumières, en bois doré. — Haut., 2 m. 52 cent.; larg., 1 m. 35 cent.

SIÈGES

619 — Escabeaux (Deux) en bois sculpté, peint et doré, décorés de volutes et d'entrelacs incrustés de pierres dures. Le dossier est surmonté d'un cimier représentant un lion issant d'une tour. Au revers des dossiers sont figurés, en bas-relief et en buste, deux personnages dans le costume du xviie siècle. Ces figures sont accompagnées des légendes : COURTESY et GALLANTRY. Les sièges sont recouverts en cuir doré semé de K et d'hermines. xviie siècle. — Haut., 1 m. 9 cent.

620 — Chaises (Dix) en noyer, en partie sculpté et doré, de style Henri II, couvertes de velours rouge. — Haut., 1 m. 30 millim.

621 — Fauteuils (Quatre), de style Henri II, en noyer en partie sculpté et doré ; couverts en velours rouge et entourés de franges jaunes et rouges. — Haut., 1 m. 24 cent.

622 — Deux escabeaux en bois sculpté, dossiers avec frontons à ceps de vigne et masques fabuleux. Style Renaissance. — Haut., 1 m. 8 cent.

623 — Deux escabeaux en bois sculpté, dossiers à écussons avec cariatides de chérubins; le bas à figures d'enfants sur des guirlandes de fruits. Style Renaissance. — Haut., 1 m. 5 cent.

624 — Escabeau en bois sculpté, dossier à masque fabuleux et ornements, style Renaissance. — Haut., 1 m. 5 cent.

625 — Deux tabourets en bois doré, avec dessus en ancien velours de Gênes jaune d'or, dessin rouge. — Haut., 40 cent.

626 — Deux chaises en chêne sculpté, dossiers à frontons, colonnes et pieds tors, couvertes en cuir. — Haut., 1 m. 20 cent.

627 — Quatre fauteuils en bois sculpté et doré à médaillon, bordure perlée, montants à feuillages, couverts en satin crème, offrant au dossier des oiseaux dans des branchages et sur les sièges des corbeilles fleuries entourées de draperies en broderie appliquée Louis XIV. — Larg., 62 cent.

628 — Meuble de salon : canapé, deux fauteuils et

six chaises, bois sculpté et doré, montants cannelés, dossiers à trophées de carquois, flèches et
couronnes de roses, bordure à rais de cœur, style
Louis XVI, couverts en satin crème orné de bouquets et entrelacs en broderie au cordonnet. —
Canapé : larg., 1 m. 5o cent. Fauteuils : larg.,
6o cent. Chaises : larg., 48 cent.

629 — Quatre chaises légères, en bois sculpté et
doré, dossiers lyre enguirlandée de roses, tour à
rubans et rosaces, pieds cannelés, style Louis XVI,
couvertes en soie crème brodée à fleurs. — Larg.,
4o cent.

63o — Chaise Louis XVI en bois sculpté et doré,
dossier lyre, couverte en soie crème rayée et
brochée à petits bouquets — Larg., 45 cent.

631 — Tabouret de forme contournée et à pieds
cambrés en bois sculpté et doré à guirlandes,
rinceaux et acanthes, recouvert en satin crème
brodé au passé en soie de couleurs; guirlandes
et festons Louis XVI. — Long., 72 cent.; larg.,
65 cent.

632 — Chaise longue Louis XV, en deux parties; le
bois est sculpté et doré; l'étoffe est de soie crème

côtelée et festonnée de fleurs en broderie de soie de couleurs claires. — Long., 2 m. 10 cent.

633 — Tabouret en forme de trapèze, en bois doré à pieds carrés et cannelés, orné sur la face d'un mascaron, style Louis XIV. Siège en velours, à dessin grenat sur champ vert. — Long., 60 cent.

TAPISSERIES DES GOBELINS
DE BEAUVAIS ET AUTRES

Suite de trois magnifiques Tapisseries des Gobelins

DU TEMPS DE LA RÉGENCE

LA COMÉDIE ITALIENNE

Signées toutes trois : *Duchaine J. et P.* [1]

634 — 1º Grande tapisserie d'une coloration agréable, très harmonieuse, d'une composition originale et distinguée qui semble inspirée, pour la partie ornementale, des ingénieux motifs de Bérain et, pour les figures, des créations si coquettes et si fantaisistes de Gillot et de Watteau.

1. Dans les Tapisseries françaises, p. 120, on cite un Guillaume Duchesne, ouvrier de Bruxelles, qui travaillait aux Gobelins.

Dix personnages de la comédie italienne, les dames en toilettes pimpantes, Pierrot, Polichinelle, des musiciens, sont distribués au premier plan d'un parc immense, sous un édicule chimérique aux colonnettes élancées, enguirlandées de mille fleurs, entortillées de rubans rouges, reliées par des draperies, supportant des cartouches en camaïeu rose à figures mythologiques et surmontées d'un lambrequin de pourpre brodé d'or. Au milieu de la composition, Arlequin et Colombine dansent sur une terrasse de marbre, narguant le vieux Cassandre qui accourt une lanterne à la main. Au-dessus d'eux, dans les airs, une acrobate en travesti de soie se balance sur une guirlande de fleurs, suspendue à un arceau que surmontent des armoiries d'alliance ayant deux lions pour supports et timbrées d'une couronne comtale.

Des oiseaux de toutes sortes, au premier plan, et dans les airs, des chiens, des singes, des écureuils, sont répartis de tous côtés. — Haut., 3 m. 70 cent.; larg., 6 m. 10 cent.

635 — 2º Scapin et les baigneuses. A droite un buisson de pavots; au fond, une pièce d'eau dans le parc. Architecture chimérique, analogue à

celle de la tapisserie qui précède, avec, en haut.
le même blason. — Haut., 3 m. 70 cent.; larg.,
2 m. 75 cent.

636 — 3º Le Concert dans un parc. Quatre figures :
un joueur de vielle, un jeune homme pinçant du
luth, une dame tenant une partition, Arlequin:
un singe habillé joue du flageolet; des cartouches
en grisaille représentant Apollon et Marsyas décorent les montants de l'architecture. En haut,
la même armoirie que dans les tapisseries précédentes. — Haut., 3 m. 70 cent.; larg., 2 m.
30 cent.

637 — Panneau en tapisserie du temps de la Régence.
représentant des divinités de la Fable réparties
en plusieurs groupes, dans un grand cartel, à
fond blanc, encadré de rinceaux fleuris et se détachant sur un fond bleu de ciel, traversé et bor-
duré de feuillages, de guirlandes et d'ornements
mouvementés. — Dimension approximative.
3 mètres sur 3 mètres.

Suite de six magnifiques Tapisseries des Gobelins

DU TEMPS DE LOUIS XVI

représentant des scènes de la vie des dieux et des déesses

exécutées sous la direction de NEILSON

638 — La première : *L'Enlèvement d'Europe*, composition de onze figures, d'après PIERRE, peintre du roi. Vénus, entourée de ses nymphes, se laisse porter par Jupiter transformé en taureau qu'on couvre de fleurs; l'Amour enfant, son carquois près de lui, s'amuse à ses pieds. Une servante de la déesse reçoit des plantes marines que lui présentent des tritons émergeant à moitié des flots de la mer; dans les airs, l'Aigle tenant ses foudres dans ses serres. — Long., 3 m. 4 cent.; haut., 2 m. 40 cent.

639 — La seconde : *L'Enlèvement de Proserpine*, composition de six figures, d'après VIEN, peintre du roi. La Déesse, accompagnée de ses suivantes, orne de fleurs la statue de Cérès. Pluton, sur son char emporté par de fougueux coursiers, arrive au milieu de nuages de feu en admirant la divine Proserpine.

On lit à gauche : *Jos . M . Vien.*

Long., 3 m. 2 cent.; larg., 2 m. 40 cent.

640 — La troisième : *Vénus sur les flots*, composition de huit figures, d'après TARAVAL. La belle déesse est assise sur une coquille, écoutant les conseils de l'Amour, monté près d'elle sur un dauphin. Les tritons à ses pieds, émergeant des flots de la mer, sonnent dans des conques. Dans un nuage, tenant des guirlandes de fleurs et une draperie rose flottante, les amours prennent leurs ébats et font cortège à Vénus.

On lit à gauche : *Taraval*

Pxit

A droite : *Neilson*

ex 1779

Long., 4 m. 80 cent.; haut., 2 m. 40 cent.

641 — La quatrième : *Bacchus et Ariane*, composition de trois figures d'après BELLE. Le jeune dieu présente à la belle Ariane attendrie une couronne d'or. L'Amour dans un nuage la vise d'un trait qui doit lui faire aimer le jeune dieu. Signée à droite : *Neilson*.

Larg., 1 m. 80 cent.; haut., 2 m. 40 cent.

642 — La cinquième : *Clythée*, d'après BELLE. Assise au bord de la mer, accoudée sur le rocher regardant vers la gauche, interrogeant l'espace.

Signée à droite : *Neilson ex 1780*. — Long.,
77 cent.; haut., 2 m. 40 cent.

4000

643 — La sixième : *Léda et Jupiter*, d'après BELLE.
Au moment où elle va se baigner, Jupiter se pré-
sente à ses yeux sous la forme d'un cygne. —
Larg., 80 cent.; haut., 2 m. 40 cent.

Cette tenture est vraiment merveilleuse par la
grâce de sa composition et sa conservation.

12000

644-645 — Deux belles tapisseries du temps de la
Régence, composition architecturale d'après
Bérain, fond bleu et fond jaune d'or, représentant des médaillons en forme de coquilles à figures d'amours suspendus par une draperie autour
de laquelle voltigent des cygnes tenant des serpents dans leurs becs. Au-dessous, sur un entablement, des figures allégoriques : *Flore et la
Comédie*. Dans le bas, des singes travestis, l'un
s'accrochant à des guirlandes de fleurs et de
fruits, l'autre tenant une corbeille de fruits sur
ses genoux. Au-dessus se dessinent des médaillons en camaïeu rose à scènes d'enfants au milieu
d'un cartouche à mascarons et rinceaux enru-

bannés auxquels sont suspendues des guirlandes
de fleurs et de fruits. Bordure à thyrses de fleurs
et feuillages avec banderole. Dans le bas, un
supplément de bordure fond jaune.— Tapisseries.
Haut., 2 m. 90 cent.; larg., 1 mètre. Bordure
supplémentaire. Haut., 15 cent.; long., 1 mètre.

646-647 — Deux tapisseries Régence fond havane
clair, compositions d'après *Bérain*, représentant
des groupes d'amours prenant leurs ébats dans
des coquilles, des singes et des chiens au milieu
de rinceaux et de guirlandes de fleurs. En haut
ont été rapportées des armoiries. Les bordures à
guirlandes de feuillages et banderoles, ainsi que
certaines parties des panneaux, sont de travail
moderne. — Haut., 2 m. 90 cent.; larg., 1 m.
10 cent.

648-649 — Deux tapisseries de l'époque Louis XV
représentant des *Jeux d'enfants, le saut de mouton et le colin-maillard* dans des paysages boisés
et accidentés. Bordures simulant un encadrement de travail moderne avec supplément de
bordures dans le bas. Travail partie ancien. —
Haut., 2 m. 80 cent.; larg., 1 m. 35 cent.

650 — Trois magnifiques cantonnières en tapisserie

de Beauvais de l'époque Louis XVI, représentant comme pentes, des vases modèle rocaille
avec bouquets de fleurs à longues tiges et au-
dessus des chutes de fleurs, avec bordures des
deux côtés à branchages fleuris. Le bandeau présente de face des guirlandes de fleurs entrelacées
et sur les côtés une guirlande de roses couronnée
de rocailles; avec galeries en bois sculpté et
doré, dessin feuilles d'acanthe, fronton couronné
de lauriers enrubanné et de vases enguirlandés
de laurier aux extrémités. Accompagnées d'embrasses avec glands et nœuds d'attache en passementerie de soie assortie. — Pentes. Haut.,
3 m. 40 cent.; larg., 68 cent. Bandeaux. Haut.,
62 cent.; long., 2 m. 30 cent.

651 — Deux bonnes grâces en ancienne tapisserie
d'Aubusson, rétablie partiellement et simulant
des rideaux enguirlandés de fleurs bordés de
crépines et drapés à l'aide de cordelières à gros
glands. — Haut., 4 m. 30 cent.

652 — Magnifique décoration de lit en tapisserie
d'Aubusson très fine de l'époque Louis XVI,
composée :

1º D'un panneau fond de lit, décor : draperie

rouge à franges et glands d'or relevée par des guirlandes de fleurs et offrant au milieu, dans des rinceaux à guirlandes de roses, un médaillon : Scène allégorique à la vie de Vénus, inspirée de Boucher. De chaque côté, des torches enflammées et, dans le bas, d'élégants rinceaux. Une bande à draperie, guirlande et couronne de fleurs en même tapisserie, est ajoutée dans le bas. — Panneau. Haut., 2 m. 3o cent.; larg.; 1 m. 85 cent. Bande. Haut., 27 cent.; long., 2 m. 55 cent.

2º Deux panneaux formant rideaux en même tapisserie fond crème à gerbes de fleurs et guirlandes, avec draperies dessinant une cantonnière à fond rouge, guirlandes de fleurs, franges et glands d'or. Partie restaurée. — Haut., 3 m. 35 cent.; larg., 1 m. 6o cent.

3º Un lambrequin en même tapisserie et dessin analogue. — Haut., 7o cent.; long., 2 m. 85 cent.

4º Un autre lambrequin. — Long., 1 m. 3o cent.

653 — Trois décorations de croisées formées chacune de deux cantonnières en tapisserie d'Aubusson rappelant le décor de la tenture de lit. Travail de style Louis XVI. — Haut., 3 m. 55 cent.; larg., 2 m. 25 cent.

654 — Couvre-pieds en tapisserie d'Aubusson fond crème, dessin à couronnes et guirlandes de fleurs, le milieu du temps de Louis XVI, le tour d'époque plus récente dans le même goût. — Long., 2 m. 25 cent.; larg., 2 m. 25 cent.

655 — Deux portières en tapisserie à personnages, fond paysages, avec bordures sur trois côtés, à guirlandes de fleurs. — Haut., 3 m. 5 cent.; larg., 2 m. 20 cent.

656 — Deux portières en tapisserie à personnages du xve siècle avec bordures sur trois côtés à fleurs et feuillages, avec embrasses et passementeries. — Haut., 3 m. 5 cent.; larg., 90 cent.

657 — Deux portières en tapisserie verdure animées de volatiles. Bordures sur trois côtés à fleurs et ornements, xviiie siècle, avec embrasses en passementerie. — Haut., 3 m. 5 cent.; larg., 1 m. 45 cent.

658 — Deux portières en tapisserie d'Aubusson, partie ancienne et partie moderne, à sujets pastoraux et médaillons d'amours d'après Boucher,

en de riches encadrements de rinceaux et de
feuillages. Le pourtour est à fond rouge. —
Haut., 3 mètres ; larg., 1 mètre.

659 — Deux portières en tapisserie d'Aubusson,
partie ancienne et partie moderne, offrant chacune, à la partie inférieure, un cartouche à fond
rouge contenant des figures de divinités ; au-
dessus, un grand motif ornemental à palmettes,
fleurons et cariatides, et, dans la partie supérieure, des médaillons d'amours d'après Boucher. Le pourtour de ces tapisseries est fond
bleu. — Haut., 3 m. 5 cent.; larg., 1 m. 10 cent.

660 — Tableau ovale en ancienne tapisserie tissée
d'or, d'argent et de soie représentant, dans un
médaillon : *la Vierge et l'Enfant Jésus dans un
paysage*. Entourée d'une guirlande de fleurs.
Cadre en bois sculpté et doré, à guirlandes de
fleurs, surmonté du chiffre M. A. avec couronne
soutenue par des gerbes de blé. — Tapisserie.
Haut., 95 cent.; larg., 1 m. 6 cent. Avec cadre.
Haut., 1 m. 40 cent.; larg., 1 m. 40 cent.

AMEUBLEMENTS EN TAPISSERIE

661 — Très important et magnifique ameublement de salon en tapisserie de Beauvais, dossiers à sujets d'après Boucher et sièges d'après Oudry, de l'époque Louis XVI. Il se compose de deux canapés, dossiers à grands médaillons, côtés et bras à contours et dix fauteuils. Les dossiers des canapés représentent l'un cinq amours groupés dans les nuages et blessant un cœur de leurs traits, l'autre, des amours jouant avec des couronnes de roses et des colombes, d'autres se baignant devant la fontaine de Cupidon. Les dessus de sièges représentent des chasses au loup et au renard par des chiens de différentes races. Les gondoles ou contours des coins offrent des paysages et au revers des guirlandes de fleurs. Tous ces médaillons sont encadrés d'un ruban enroulé et de guirlandes de feuillages et de fleurs. Les fauteuils à grands médaillons représentent au dossier les amours géomètres, architectes, musiciens, sculpteurs, peintres, poètes, astronomes. Les dessus des sièges, des sujets de chasse, des combats d'animaux ou des allégories aux fables de La Fontaine. Toutes ces composi-

tions des plus charmantes sont d'une exécution remarquable. Les bois, finement sculptés et dorés dans le style Louis XVI, offrent comme encadrements des médaillons, des guirlandes de fleurs enrubannées avec des trophées d'attributs, allégories aux sujets de chaque tapisserie et couronnant les dossiers; les bras et montants ornés de feuillages se terminent par des têtes de béliers, les tours de sièges sont à arabesques de feuillages et les pieds cannelés à draperies.

662 — Ameublement de salon composé d'un grand canapé et huit fauteuils en bois sculpté et doré, dossiers à nœuds de rubans et jetés de fleurs, montants de bras à piécettes enfilées, pieds cannelés avec feuillages et tores de lauriers, style Louis XVI, couvert en ancienne tapisserie d'Aubusson représentant au dossier du canapé un médaillon d'après *Huet* : l'Oiseau en cage, composition de deux personnages dans un paysage, et, sur le siège, un médaillon d'après *Oudry* : Chien et faisans. Ces médaillons semblent tous retenus par des nœuds de rubans bleu pâle sur un fond crème à guirlande de fleurs à gerbes et couronnes retenues également par des festons de rubans. Les fauteuils présentent au dossier des

médaillons à petits personnages : joueurs de
flûte, jardiniers, jardinières, horticulteurs, dres-
seurs de chiens, etc. Sur les sièges, ce sont des
groupes d'animaux : vaches, chèvres et brebis
dans des paysages, avec encadrements à guirlandes de fleurs. — Canapé, haut., 1 m. 12 cent.;
larg., 1 m. 65 cent. Fauteuils, haut., 1 mètre;
larg., 65 cent.

663 — Beau meuble de salon : un grand canapé et
dix fauteuils recouverts en tapisserie de Beauvais
de l'époque Louis XV, offrant aux sièges et aux
dossiers des bouquets de fleurs en des compartiments à fond blanc, encadrés de rinceaux et de
festons. Le pourtour est rouge héliotrope. Les
bois de ces sièges, à motifs de fleurs et de rinceaux dans le style Louis XV, sont sculptés, dorés
et gracieux de forme. — Largeur du canapé,
2 mètres.

664 — Quatre chaises Louis XV, anciennes, en bois
sculpté et doré, recouvertes de tapisseries à fleurs
assorties à celles du meuble qui précède.

665 — Ameublement de salon composé d'un grand
canapé, un petit canapé, quatre fauteuils, quatre

chaises en tapisserie; partie époque, partie style
Louis XVI, fond crème à vase de fleurs, guirlandes et rinceaux; bordure fond bleu à guirlandes de fleurs. Les bois sculptés et dorés, dessin à rubans, feuillages et rosaces du style
Louis XVI. — Canapé, larg. 1 m. 5 cent; fauteuils, larg., 56 cent.

666 — Meuble de boudoir en bois sculpté et doré;
modèle à feuillages, entrelacs et perles de style
Louis XVI, recouvert en ancienne tapisserie
d'Aubusson. Ce meuble comprend : Deux sièges
marquises et deux bergères offrant, aux dossiers,
des attributs champêtres, les emblèmes de
l'Amour et des motifs de fleurs, encadrés de
bonnes grâces à cordelières et glands. Les coussins des sièges sont à bouquets et fleurs détachées et à guirlandes de feuilles de chêne. Pourtour à fond rouge. Douze chaises à dossiers
ovales, recouvertes en tapisserie d'Aubusson analogue à celle des fauteuils, mais non identique.
Huit de ces chaises offrent des bouquets aux
sièges et aux dossiers, les quatre autres, des attributs rustiques. — Largeur des deux marquises, 1 m. 10 cent.; largeur des deux bergères,
70 cent.

667 — Petit canapé en tapisserie de l'époque Louis XVI, offrant au dossier et sur le siège des médaillons à animaux dans des paysages entourés de guirlandes de fleurs sur fond rouge et sur fond crème. Bois sculpté et doré de style Louis XVI. — Haut., 94 cent.; larg., 1 m. 10 cent.

668 — Fauteuil en bois sculpté couvert en tapisserie d'Aubusson, médaillon à petits personnages et animaux, fond crème à guirlandes de fleurs. Époque Louis XVI. — Haut., 1 mètre; larg., 50 cent.

ÉCRANS EN TAPISSERIE

669 — Très bel écran à développement en tapisserie des Gobelins ou de Beauvais du temps de Louis XV, représentant quatre enfants nus jouant avec une corbeille de fruits, des grappes de raisin, des oiseaux volant dans les airs; fond de paysage des plus souriants. Bois sculpté et doré, dessin à rocailles, guirlandes de fleurs, de vignes et de feuillages. Style Louis XV. — Haut., 1 m. 50 cent.; larg., 1 m. 35 cent.

670 — Bel écran en bois finement sculpté et doré,
montants à colonnes détachées, cannelées, surmontés de chapiteaux avec rosaces et couronnés
de pommes à feuillages. Cadre à rais de cœur,
rubans et chutes de fleurs avec fronton à trophée
de musique, couronne de roses et gerbes de
chêne. Travail partie du temps de Louis XVI.
Garni d'un charmant panneau en ancienne tapisserie du xviiie siècle, représentant une jeune bergère assise et endormie, ayant près d'elle ses
chiens. Fond de paysage, encadrement à guirlandes de fleurs. — Haut.. 1 m. 23 cent.; larg.,
80 cent.

671 — Écran de cheminée à monture chantournée,
de style Louis XV, composée de rinceaux et de
guirlandes en bois sculpté et doré et tendue d'une
feuille en tapisserie très fine, moderne, buisson
de fleurs sur fond blanc, dans un encadrement
de festons de fleurettes bleues avec entourage à
fond rose. Cet écran est assorti au meuble de
salon, nᵒ 665. — Haut., 1 m. 27 cent.; larg.,
77 cent.

672 — Écran en bois sculpté et doré, dessin à rocailles, fleurs et coquilles de style Louis XIV,

avec panneau en ancienne tapisserie représentant une femme lisant, assise près d'une baie par laquelle on découvre un paysage, entouré de rocailles et de guirlandes de fleurs. — Haut., 1 m. 20 cent.; larg., 65 cent.

TAPISSERIES DE LA SAVONNERIE

673 — Dix beaux panneaux de la Savonnerie représentant des vases de fleurs posés sur des consoles, des médaillons à groupes d'oiseaux encadrés de fleurs suspendus à des nœuds de rubans et à des trophées de musique ou d'instruments champêtres. Ces compositions de nuances variées et toutes de dessins différents s'harmonisent on ne peut mieux malgré la variété des couleurs sur le fond jaune orange. Ces panneaux sont aussi remarquables par leur état de conservation que par leur rareté. — Haut., 2 m. 70 cent.; larg., 60 c.

674 — Petit tapis formé d'un panneau rectangulaire en ancienne tapisserie de la Savonnerie, à décor de guirlandes, de corbeilles de fleurs et de fruits, d'écureuils et de perruches, en couleurs sur fond bleu avec rosace centrale. Ce panneau est encadré

d'une bordure de moquette à festons de roses
sur fond jaune. — Haut., 1 m. 5o cent. ; larg,,
85 cent.

TAPISSERIES AU POINT

MEUBLE DE SALON, ÉCRAN, TENTURES

675 — Très bel ameublement de salon, époque
Louis XIV, composé d'un canapé et dix fauteuils
grand modèle, en bois sculpté et doré. Les frontons et les bandeaux offrent des coquilles sur
cartouches à feuillages et fleurs, le fond semé
de palmes, les pieds et montants d'accotoirs à
ornements fleuronnés et feuillages. Le canapé
couvert en tapisserie au petit point, partie brodée
d'argent et enrichi de paillettes métalliques à
reflets rubis, présente au dossier trois médaillons
à sujets mythologiques et champêtres, avec su-
perbes encadrements à fleurs, oiseaux et feuillages. Le dessus du canapé présente trois médaillons à sujets allégoriques aux fables de La
Fontaine, avec fond et encadrement analogues à
celui du dossier. Les fauteuils offrent également,
aux dossiers en tapisserie au petit point brodée

et tissée d'argent par partie, des médaillons à sujets allégoriques à l'histoire des dieux et des déesses et, sur les sièges, des sujets inspirés des fables de La Fontaine, avec encadrement et fond à fleurs et ornements.—Canapé. Haut., 1 m. 10 c.; long., 2 m. 20 cent. Fauteuils. Haut., 1 m. 10 c.; larg., 70 cent.

676 — Écran en bois sculpté et doré, même dessin que les bois de sièges, avec panneau en tapisserie au petit point et broderie fond argent, représentant Flore et l'Amour sous un bosquet fleuri. Époque Louis XIV. — Haut., 1 m. 20 cent.; larg., 60 cent.

677 — Deux belles portières en tapisserie au petit point, offrant, en broderie de soies et de laines de couleurs sur un fond de soies blanches entremêlées de fils d'argent, des sujets tirés de l'histoire d'Hercule, en de riches encadrements composés de cariatides, de chimères, d'oiseaux, de vases, de draperies et de rinceaux. Époque Louis XIV. — Haut., 3 m. 15 cent.; larg., 95 cent.

678 — Deux lambrequins, festonnés du bas, en tapisserie au petit point, allant avec les por-

tières qui précèdent. Les sujets en sont tirés de l'histoire de Polyphème et les encadrements se composent de cariatides, d'animaux héraldiques et de rinceaux fleuris. Fond brodé en soie blanche entremêlée de fils d'argent. Le feston inférieur est bordé d'une frange métallique dorée, à glands rouges. — Haut., 1 m. 10 cent.; larg., 2 mètres.

679 — Lambrequin analogue aux précédents, à bords contournés, en tapisserie au petit point, en couleurs sur fond gris d'argent. Au centre, l'Enlèvement d'Europe ; à chaque extrémité, une divinité de la Fable. Encadrements de rinceaux rouge et bleu, avec cariatides et tritons. Époque Louis XIV. — Haut., 80 cent.; larg., 2 m. 75 cent.

680 — Deux paires de grands rideaux en tapisserie au petit point, laine et soie, à sujets Louis XIV et grands ramages. — Haut., 4 m. 70 cent.; larg., 87 cent.

681 — Quatre rideaux ou panneaux en tapisserie au point et au petit point, offrant des médaillons à sujets allégoriques, des personnages et des ani-

maux au milieu de grands ramages. Époque
Louis XIV. — Haut., 3 m. 5o cent.; larg.,
85 cent.

682 — Montant en tapisserie au point et broderies
d'argent; perroquet, fruits, palmettes, fleurs et
feuillages. Époque Louis XIV. — Haut., 2 m.
5o cent.; larg., 40 cent.

683 — Tapisserie au petit point et broderie d'or et
d'argent : Fronton ou couronnement à bords
contournés, représentant Apollon et les Muses
avec riche encadrement à figures, chimères,
tabliers et rinceaux fleuris. Époque Louis XIV. —
Haut., 90 cent.; larg., 1 m. 70 cent.

684 — Beau bandeau en tapisserie au petit point,
très fin, du xvie siècle, représentant un gentil-
homme et une dame sous une tonnelle, des
femmes jouant de divers instruments et d'autres
personnages portant de somptueux costumes.
(Cette tapisserie a été réparée.) — Haut., 56 cent.;
larg., 2 m. 15 cent.

685 — Bandeau analogue au précédent et de même

époque, à petits personnages dans un parc,
figures allégoriques, vertus théologales. — Haut.,
55 cent.; larg., 1 m. 80 cent.

686 — Large bandeau en tapisserie au petit point de
soies de couleurs, sur fond en broderie d'argent,
représentant l'Enlèvement d'Europe dans un
cartouche encadré de rinceaux, de fleurons et de
bouquets. Époque Louis XIV. — Haut., 92 cent.;
larg., 2 mètres.

687 — Bandeau en tapisserie de soies de couleurs au
petit point, sur fond en broderie d'argent, représentant une génisse et divers oiseaux à travers
des arbres en fleurs, dans un cartel encadré de
fleurs et d'entrelacs. Époque Louis XIV. — Haut.,
78 cent.; larg., 2 mètres.

BRODERIES DE PERLES, VELOURS

688 — Décoration tout en broderie de perles de
différentes nuances, composée de dix pentes et
représentant des personnages allégoriques à
l'Astronomie, à l'Afrique, à l'Amérique, à la

guerre, des médaillons à paysages, des trophées guerriers, des vases de fleurs, des écussons superposés et ayant un caractère symbolique surmontés de chapiteaux. Trois dessus de portes, même travail, représentant des brûle-parfums sur consoles à guirlandes de fruits et avec des étendards déployés piqués tout autour de la panse.

Quatre écussons à bustes de personnages, médaillons marines et paysages. Même travail.

Huit carrés, dessin à rinceaux.

Quatre bandes, dessin à arabesques de fleurs. Même travail.

Deux trophées de drapeaux. Même travail.

Pentes. Haut., 3 m. 40 cent.; larg., 35 cent. — Dessus de portes. Haut., 1 m. 10 cent.; larg., 1 m. 35 cent.— Carrés. Haut., 5o cent.; larg., 5o cent. — Bandes. Long., 4 m. 8o cent. — Trophées. Haut., 5o cent.

689 — Écran de cheminée à riche monture de style Régence, coquilles et feuillages, en bois sculpté et doré, avec feuille en broderie de perles de couleurs représentant une reine sur son char auprès d'un palais. — Haut., 1 m. 40 cent.; larg., 88 cent.

690 — Trois paires de grands rideaux en satin crème
brodés à guirlandes et bouquets de fleurs en soie
multicolore et semés de paillettes, dessin Louis
XVI, garnis de franges. Ces rideaux formaient
décoration de croisée avec les cantonnières
Nº 650. — Haut., 3 m. 40 cent.

691 — Deux décorations de croisées en ancien velours de Gênes fond jaune d'or, grand dessin
rouge à fleurs, ramages et ornements, composées chacune de deux rideaux et d'un lambrequin bonne grâce, garnies de franges, accompagnées d'embrasses assorties et avec galeries en
bois doré. — Larg., 1 m. 10 cent.

692 — Trois paires de portières en ancien velours
de Gênes jaune d'or. Dessin rouge. — Deux
paires. Larg., 1 m. 10 cent. Une paire. Larg.,
70 cent.

693 — Deux décorations de croisées composées chacune de deux grands rideaux et d'un lambrequin
en velours rouge avec bordures à arabesques de
fleurs en ancienne broderie et application de
soie. Galeries en bois noir rehaussées d'or. Embrasses et glands assortis. — Larg., 1 m. 70 cent.

694 — Quatre portières analogues avec embrasses. — Haut., 3 mètres; larg., 1 m. 5o cent.

695 — Deux rideaux en moire blanche ornée d'applications forme écussons composées d'ornements et d'objets décoratifs en soie de toutes nuances, serties de fil d'or. — Haut., 3 m. 5o cent.; larg., 1 m. 5o cent.

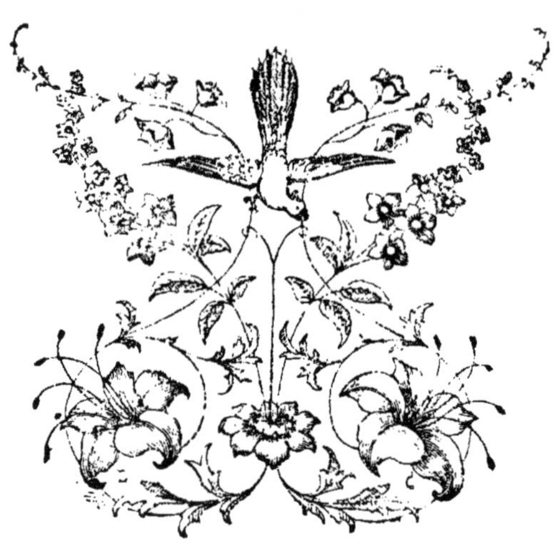